U0017548

為什麼要道歉

完美的「**對不起**」，
將為你個人和社會帶來
奇蹟般的正面效應

m(·_·)m

SORRY, SORRY, SORRY

THE CASE FOR GOOD APOLOGIES

MARJORIE INGALL & SUSAN MCCARTHY

瑪喬麗·英格爾、蘇珊·麥卡錫——著　童唯綺——譯

獻給強納森、喬西和麥斯。

——瑪喬麗．英格爾

獻給丹尼爾、約瑟、奇蒂、尼杰和艾莎碧。

——蘇珊．麥卡錫

不是每件我們面對的事物都能獲得改變，
然而不面對就一定不會促成改變。

——詹姆斯．鮑德溫（美國作家）

各界推薦

在二十多年的公關生涯裡，我道歉的次數，比道謝加上道別的總和還多，讀這本書，像是一一回顧那些兩難的僵局，以及，在「道歉」之外，思考「寬恕」的議題。

書中有個觀念，我特別喜歡，無論是需要「道歉」的一方、還是考慮要不要接受「道歉」的另一方：「你並沒有被錯誤或發生在自己身上的壞事所壓垮，你可以繼續做出改變，既看到自己，也真正成為一個更好的人。」

世上沒有生而完美的奇蹟，知道如何從錯誤中前進、正確表達歉意，就是一種美好的證明。

——**文心藍**／《不辜負自己，就是最好的人生》作者人生在世，不可能完全不犯錯。但犯錯時，發自內心、主動地道歉，勝過用許多華麗詞藻堆砌、看不出重點的推諉。收到對方真誠的道歉，對於受傷的人來說可能有助於慢慢釋懷所受到的傷害；而身為犯錯者，面對錯誤，好好道歉、反省，某種程度對自我也是一種救贖，讓自己有機會脫離自責的泥淖，修正錯誤、避免再犯。

我喜歡這本書提供了很多案例，能幫助我們深入思考。若能從前人失敗的道歉案例中得到警惕、學習，或許也不枉作者們蒐集了這麼多的資料，只為告訴我們：「道歉，要滿載真心。」

——**李郁琳**／臨床心理師

人非聖賢，不管是無心還是有意，我們都可能犯錯。多數人都同意，犯錯之後的道歉，是修復彼此關係的重要過程。但我們可能沒有意識到，除了一開始的犯錯之外，我們連後來「道歉的方式」也可能出錯。本書精煉了有效道歉的核心概念，在這個資訊跑得飛快、人人皆可發聲、事事皆可能被誤判的年代，是每個人都應該花點時間細讀的好書。

——**蘇益賢**／臨床心理師

目錄 CONTENTS

前言／成功的道歉讓社會充滿人性關懷

道歉是一個社會洋溢著關懷的證據，也證明大眾尊重他人的經歷、思想和感受。無論是從微觀或宏觀的角度來說，道歉都會推動我們走向正義。

我們知道這聽起來過於崇高，但人類社會的確經由道歉變得開化與文明。在人與人的日常往來和更廣泛的社會領域中，道歉讓一切得以改善。有時候，令人感到失望或背叛他人其實是人的本性，不過當你願意說聲抱歉，還表達得體時，簡直具有近乎奇蹟、超級英雄般的治癒力量。

要說當今是個惱人的時代實在是陳腔濫調，但我們也難以否認這個時代令人特別難熬——激烈的政治分歧、氣候災難、日益擴大的貧富差距、為尋求歷史正義引發的紛爭等。我們需要採取所有可能的策略來度過難關，讓事情進展順利，成功的道歉是我們可以多加發揮和運用的手段之一，本書會教你如何執行。當你開始道歉得當，並學會激發和接受善意的道歉，你就會成為一個更好的朋友、更棒的家人、更優的同事和更出色的世界公民，廣泛地採取成功的道歉策略可以讓世界變得更美好。

跟你說個大實話：道歉是美妙而至關重要的事情。然而，要是道歉表達得非常失敗，那就會變成令人極其困窘的大災難。

為什麼要聽我們說的？

自二〇一二年以來，我們兩人一直在我們的網站「道歉觀察家」（SorryWatch.com）上，針對新聞、流行文化、文學及政治中的道歉展開研究和分析。為了追求教育意義和娛樂效果，我們蹚過太多「爛透了道歉」的渾水，於是不得不製作「糟糕的道歉賓果卡」，才能試圖讓自己保持冷靜。好消息是，我們還寫過很多可愛的道歉，這些道歉可以讓事情進展得更順利。

透過研究所有這些道歉並找出哪裡是錯的或對的，我們想出一套道歉的黃金法則。從技術上來說，道歉很容易！我們可以教你如何透過六個簡單的步驟做出完美的道歉，我們會成功的！你無須下載應用程式，也不需要特殊的螺絲刀，即使是小孩子，如果他們願意如此做的話，也可以做出合宜的道歉。

然而，對於許多（大多數？）成年人來說，道歉得當是極其困難的，我們將在本書中討論為什麼會這樣，以及應如何做出成功的道歉。

為何我們如此入迷於道歉這回事？

我們兩個人都是資深記者和作家，蘇珊寫了蠻多關於野生動物的科普文章，而瑪喬麗則出版了不少書。直到第一個孩子上了幼兒園，瑪喬麗才真正開始關注「道歉」這個議題。她的女兒喬西脾氣暴躁，上幼兒園第一年大部分的時間都被處罰待在思過椅上好好地反省。瑪喬麗覺得她一直在為孩子咬人、打人、大喊大叫、不願跟同學分享而道歉，這激發她不斷思考要如何教導孩子道歉（請參見第五章）。瑪喬麗在青少女雜誌擔任編輯之後，發現青少女老是在煩惱要為任何事道歉，例如為了她們自身的存在或是觀點。她也發現道歉和寬恕這兩大主題都需要更常撰寫文章討論，因此她寫了很多關於道歉的文章。

蘇珊跟這個主題結下不解之緣，則是基於自己在人際關係中得到的糟糕道歉所累積的長期不滿，比方說：「如果我所做或所說的任何事情傷害了你，我很抱歉……為什麼你還不高興？我都道歉了，不然你還想怎麼樣？」不過，在收到高中時搞失聯的朋友遲來的道歉時，她反而感到既驚訝又高興，雖然那不是很完美的道歉，卻帶來了令人驚訝的解脫感。

蘇珊幫雜誌寫了一篇關於「道歉」這檔事的幽默小品文，文章本身與當時的新聞時事綁在一起，因此沒多久就過時了，但卻帶來一連串影響。陸續有讀者告訴她，「我讓我媽讀了這篇文章」、「我把它列印出來強迫男朋友閱讀」、「我把連結傳給我的經理」，蘇珊因而意識到很多讀者對此有著強烈的共鳴。蘇珊知道瑪喬麗也非常關心這個主題，便提議兩人應該聯手設立「道歉觀察家」網站。

我們開始大量閱讀有關道歉的書籍、研究和文章，並且閱覽數千則道歉聲明（絕大多數都很糟糕），並分析了那些不適當的道歉究竟問題何在。

糟糕道歉的可怕誘惑，以及偉大道歉的動力

創立「道歉觀察家」之後，網友開始傳送道歉內容過來，請我們解析。我們因此涉入各種過去所知甚少的領域的爭議，像是大型動物獸醫、末日準備者、喜劇巡演籌辦單位、火人節營運團隊……真的是大開眼界。

我們對於「成功的道歉」其簡單性和有效性感到驚訝，同時也對「失敗的道

歉」大發雷霆。我們憤怒的長篇大論常常能起到宣洩的作用，而且也能獲得更多的流量，但我們強烈感受到有必要好好推廣那些罕見的良好道歉文。更甚者，二〇一六年左右開始有一派人堅持道歉是軟弱的表現，我們便認為有必要提倡「成功的道歉」是勇敢和品格的象徵。

可悲的是，有很多人認為拒絕道歉能夠展現出強悍不屈的形象，事實上恰恰相反。道歉代表讓最好的自己衝破心中那道高築的防禦城牆。公開和私下道歉都需要真正的勇氣，向那些地位和權力不如你的人道歉也需要勇氣，尤其是沒有人強迫你這樣做的時候。道歉得當能夠展現個人智慧和品格，成功的道歉可以改善事件中涉及到的每一個人的生活和心情——大家都感覺被療癒了，這能讓地球變得更加美好。

發自內心、主動地道歉其威力之強大，當你給予一個成功的道歉，不只能讓自己內心好受一些，也能對自身過去的失敗心情稍加平復，感受到釋懷和救贖，讓你充滿使命感和目的感。當你接收到一次合宜的道歉，你會覺得自己與那個冒著被拒絕的風險卻仍向你伸出友誼之手的人有所連結，讓你感覺被理解，體驗到一點公平正義。

有大量的研究指出，成功的道歉對於道歉者、接收者以及整個世界來說能造成強大的影響。心理學、醫學、法律和管理學領域的眾多研究顯示，直接向受到傷害的人道歉會產生巨大的正向影響力，我們將在本書中更深入地探討。

本書將為你端上道歉的滿漢全席

我們將討論國王和罪犯、酗酒者、孩子、父母、公司、名人等的道歉，也會討論你可能會收到的道歉和可能會被要求做出的道歉。

我們會提供如何表達出完美道歉的指引、說明道歉能否被接受的科學依據、了解哪種道歉效果最好，並審視歷史和流行文化中形形色色偉大和差勁的道歉。我們也提供工具，讓你自行決定如何在生活中落實道歉和寬恕的藝術。我們會解釋「道歉」和「表達遺憾」之間的區別，如果對方欠你一個道歉，你是否可以請求道歉，並深究為何得到道歉之後，我們仍然感到憤怒背後的心理成因。

此外，我們會思考，即使你覺得自己沒有做錯任何事，或是覺得對方比你更應該受到責備時，你是否應該道歉。書中也會討論教導孩子得體道歉的最佳方式，並且研究政府如何為過去的錯誤道歉。當然也會研究社群媒體所扮演的角色，目前似乎形成一種「經常要求某人道歉，然後又很快遺忘」的文化。對了，我們還提供「NG道歉賓果卡」供你參考。

成功的道歉不僅能讓道歉者和所有接收者感到振奮，在新聞或社群媒體上看到一篇精彩的道歉，就好像你自己也收到了道歉一樣。成功的道歉會產生連鎖反應，促進這世界更加人性化。

如何向你的狗狗道歉

人在向狗狗道歉的時候，應該要採取狗狗跟我們道歉的同樣方式。舉例來說，蘇珊的狗狗在玩鬧時可能會咬得太用力，只要蘇珊尖叫抗議，狗狗就會垂下耳朵表示服從，匍匐前進，瘋狂舔舐牠能觸及的任何東西。牠示弱表現出關心，並盡力透過舔舐來彌補，這就是牠道歉的方式。因此，如果蘇珊不小心踩到狗狗的腳，她就得蹲下示弱，溫柔地說話，並撫摸牠的下巴（這是其他狗可能會舔的位置）。這樣狗狗就會原諒她了，往後趴在她腳邊時也會更小心，以免再次被踩到。

CHAPTER

01

道歉的重要性

成立「道歉觀察家」網站時，很多人都表示我們目光精準，因為道歉在時下「很夯」。這個現象背後究竟隱藏著什麼涵義？難道是「道歉」成為一股熱潮？還是說當時的人突然更敏銳地察覺到道歉之於生活的重要性？還是說大家神奇地更能分辨道歉的好壞？

無論如何，與數十年前相比起來，今日人們對於公開道歉似乎談論更多。雖然我們無從得知私人生活中是否有更多更好的道歉，然而可以肯定的是，川普當選美國總統時，道歉確實一度成為「很夯」的話題。知名主持人吉米．法倫曾在選舉期間訪問川普：「你活到現在為止有沒有道歉過？」川普回答：「我完完全全地認為道歉是一件很棒的事，但前提是你必須做錯了……如果我錯了，絕對會道歉，但願這是發生在很久以後的事。」

然後他接下來的四年從沒有道歉過，有些人認同他，有些人則不認同。

道歉的歷史

川普這位第四十五任美國總統或許是讓道歉躍升為熱門話題，但我們認為這個話題在歷史上可說是老生常談了。柏拉圖就寫過哲學家同伴蘇格拉底的道歉（實際上更像是解釋，而不是道歉），十二世紀的猶太思想家邁蒙尼德也寫了大量關於如何道歉、如何接受道歉以及如何原諒的文章。猶太經典《塔木德》也提到一個觀念「修復世界」（tikkun olam），其中成功的道歉可以幫助修復這殘破的世界。

至於失敗的道歉呢？這些糟糕的道歉往往沒有抓到重點，有時甚至是故意為之。這是一種自我防衛、變本加厲、三心二意的行為，企圖將錯就錯，而不是好好彌補傷害，至於那些拒絕道歉的人，其言行當然更加不堪。

在「道歉觀察家」中，我們檢視了歷史上各式各樣的道歉，包括美國的塞勒姆獵巫陪審團、熱愛甲蟲的博物學家達爾文、林肯總統、俄羅斯文豪托爾斯泰以及美國詩人艾蜜莉．狄金生等。

社群媒體與道歉

社群媒體代表著惡意行為可以瞬間炎上，過往偏向私人之間的道歉，現在往往全世界都看得到。要求某人道歉（或不道歉）的輿論總是來得又快又猛。

即使當事人針對該惡意行為道歉了，但有時手法真的很拙劣，反倒又掀起新一回合的網路筆戰。要知道，一個不當的道歉會讓你每況愈下，成為全球公敵。如果你的爭議影片已經瘋傳，大眾也明確表現出無法接受的態度，那麼你在道歉時最好不要妄想可以睜眼說瞎話。社群可以是很好的問責媒介，這一點對那些不願意負起責任的人來說可是個壞消息。

社群媒體也有利於道歉的藝術。討論其他人的道歉，對其中的好壞抽絲剝繭，可以幫助我們所有人努力練就道歉這門工夫。

誠如美國公共衛生署長維偉克・莫西在《當我們一起》一書中指出：「當代的進步帶來了前所未有的進化，使我們在技術層面來說更容易建立連結，但這些進化往往會帶來未能預見的挑戰，讓我們感到更加孤獨和支離破碎。」

由於看不到攻擊對象的臉，而且也不太可能在自家附近碰到他的家人，我們在網路上很容易展現出討厭和刻薄的一面，並自詡是為了朋友和同溫層展開行動。我們在這些平台上通常沒有進行真正的對話，充其量只是情緒上火山爆發，猛烈轟炸出我們的想法、圖像和影片。憤怒會帶來回報——皮尤研究中心的一項研究發現，表現出「憤慨的分歧」（indignant disagreement）的臉書貼文獲得的按讚和分享數量幾乎是沒有分歧的貼文的兩倍。臉書知道這一點，並將這些互動率高的誘餌優先推送到你的動態牆上，因此大家能很快開始攻擊他人在現實生活中的行為、工作、社群媒體活動和道歉文。看到這麼多擁有相近價值觀的人認同自己的看法、給予熱烈反應，誰不會感覺到飄飄然呢？（二〇一九年的一項研究顯示，過度使用社群媒體會導致大腦發生與吸毒成癮相同的變化……同樣會導致判斷力受損。）

有時候我們會看到某個人因言行失當在社群媒體上受到抨擊，即使此人向受到冒犯的對象好好道歉了，但與受冒犯對象相同立場的其他人可能不願意接受，繼續以此作文章。這是因為有些人沉迷於煽風點火所獲得的關注和認同，加上「接受道歉」能得到的話題流量也少得多，因為這很無趣。道歉不成功會引起越來越多的關注。有時候大眾是真的震驚於當事人惡劣的言行舉止，有時候則是看到可以蹭流量或「自我感覺良好」的機會，認為嗆聲當事人除了能讓自己看起來很正直，而且還能保護自己將來免於受到攻擊，因為「站對邊」可以累積好形象。憤怒因此變成了護身符。

創辦「道歉觀察家」正是因為我們作者兩人對於政客、名人等提出的糟糕道歉感到無法忍受，怎麼還有人敢用「我很對不起，可是……」這樣的句型？公關公司怎麼敢教他們的客戶說「很抱歉如果我們不小心……」？不過，並非所有在社群媒體上瘋傳的道歉都來自公眾人物，也有些道歉是因為應對得體而走紅。

出乎意料的道歉

查德麥克爾．莫里塞特（ChadMichale Morrisette）在西好萊塢打拚自己的品牌顧問和視覺設計事業，有天收到了一則令他驚訝的臉書訊息，傳送訊息的人是讓他學生時代每天活在地獄的霸凌者。

嗨查德，我最近正在和我十歲的女兒討論霸凌問題。她問我有沒有霸凌過任何人，很遺憾我的答案是「有」。我想到國中時期我對你非常惡劣，我想向你道歉。如果我們還住在同一個州，我願意當面向你道歉，我不知道你是否還記得，但我記得，我真的對你感到很抱歉。

莫里塞特對於這位路易．阿蒙森所提到的內容似懂非懂。莫里塞特國中時確實經常受到霸凌：「整個足球隊都會欺負我，不是只有一個人，而是六、七個人，他們會在走廊上跟蹤、騷擾、辱罵和威脅我，甚至會動手動腳。他們霸凌我的原因是我是同性戀，而且個子又矮小。」情況日漸惡化，「如果沒有大人護送或朋友陪伴，我甚至沒辦法在學校裡跑班上課。」

所以他知道阿蒙森在說什麼，但不記得他是這群人中的哪一個，也不記得他說過哪些惡毒的話語。收到這則訊息讓他震驚不已，擱置了好幾天，後來他回覆了：

我非常感動，謝謝你的訊息，我接受你的道歉。這二十年來，你是唯一一個為年輕時霸凌過我而道歉的人，我希望你能自豪地告訴你的女兒，你也為此道歉了，我們沒事了。這二十年光陰和孩子能為我們帶來什麼，真的是太神奇了，不是嗎？再次感謝你，我希望你往後在看到霸凌行為時能夠勇敢站出來。祝你有美好的一天！

阿蒙森也回覆道：「謝謝！你的寬恕遠比你所能理解的對我來說更為重要，我希望我不是最後一個請求你寬恕的人。謝謝！」

他們的交流引起關注，多家媒體採訪了兩人。阿蒙森說，他的女兒正在參與一部探討霸凌問題的校園短劇，因此詢問他各種相關問題，最後問到他是否曾經霸凌過任何人。「我必須思考一分鐘，這是我二十年來第一次好好想這個問題，所以我誠實地回答說『是』。」後來阿蒙森得出結論，自己有責任試著向莫里塞特道歉。「你無法改變你的過去，但你仍然擁有它。我無法收回我對他的辱罵和對他的威脅，但我可以道歉。這無論如何都不能讓我小時候的行為一筆勾銷，但身為成年人，我能做的就是盡力彌補他……我真的沒想到他會回覆，也做好心理準備，就算他回了，八成會拒絕接受，認為我的道歉太少也太晚了。」

然而莫里塞特表示，道歉永遠不會太晚：「一個簡單的『對不起』可以改變一切。」

阿蒙森的道歉非常出色，他明確說出為自己的什麼行為感到很抱歉（但又沒有白目到詳細重述當年的言行），他沒有為自己找藉口，比如說：「我那時只是個小屁孩。」表達歉意和接受道歉同時賦予這二人力量。

這個故事吸引了很多人的關注，大多數孩子在學校裡並沒有受到那麼嚴重的折磨，但許多孩子受到霸凌、排斥或不公平對待後，從未收到任何人的道歉。

道歉與權力有關

霸凌他人的孩子往往企圖在關係中掌握權力（會霸凌他人的成年人也是如此）。有些群體自認權力強大，因為這是自己應得的；有些群體認為自己缺乏權力，是因為那些握有權力的人不願分享。掌權者很少會覺得自己不該掌管一切，從社會角度來說，權力轉移的方式通常是透過革命、戰爭、征服、起義，權力轉移時很少能禮尚往來。

道歉也關乎權力，道歉得體就是代表你放棄了自己的一些權力。不想道歉的人都是一樣的，而那些覺得自己應該得到道歉的人都在以自己的方式發洩怒火。

有權勢的人道歉時，通常並不是在向他們傷害過的人道歉，而是為損害他們所代表的機構形象而道歉。舉例來說，被狗仔隊拍到毆打老婆的職業運動員通常不會在公開道歉時優先向老婆道歉，通常會先向球隊老闆、管理階層、代言品牌和球迷道歉，最後才是老婆的名字。有時候，道歉稿還會說運動員和老婆雙方都向大眾道歉，搞得好像老婆還要負擔一半被家暴的責任。這是因為老婆沒有權力，而老闆、管理階層、品牌商和球迷都有可能毀掉運動員的職業生涯。

由於自己曾經的殘忍或無知，現在要承認你虧欠別人（即使只是一句話「我很抱歉」），然後為此道歉是很困難的事，因為這麼做使你處於從屬地位，所以很多人拒絕道歉就是這個原因。審視自己的內心深處、發現自己做錯事，已經夠可怕了，要向傷害過的人或群體公開談論自己的錯誤更是加倍可怕。

我們確實正處於一個權力結構從根本上受到重大挑戰的時刻。#MeToo、#BlackLivesMatter、#OwnVoices等運動都突顯出有越來越多被剝奪權利和受到傷害的人要求大眾的傾聽，同時也代表整個社會文化正在轉型。有些人努力發出歷史上長期不被聽見的聲音，有些人則選擇更加緊抓著自己的權威地位不放。差勁的道歉往往是以不真誠的態度去安撫那些要求正義的人，成功的道歉則是承認他人應該得到正義。當你身為那個應該道歉的人，會造成什麼影響都取決於你，也難怪好好道歉會讓人害怕。不過，人在面對文化變革會害怕是很正常的。我們需要害怕——至少應該有點害怕——權力正在以健康的方式轉變中，幫助我們所有人成長。

差別待遇

二〇一九年發生一起事件。赫爾澤族的麥斯威爾・強森帶著孫女來到溫哥華的蒙特婁銀行分行開設她的第一個銀行帳戶，這樣孫女之後跟著籃球校隊出去旅行要用錢時，他就可以線上轉帳給她。強森老先生原本預期開戶會很順利，他在蒙特婁銀行有帳戶五年了，不久前還存入三萬美元的原住民權利補償金。他帶了自己的部落身分卡和出生證明，孫女還不到領取身分卡的年紀，但她媽媽的身分卡上有相關資料，他也帶了孫女的醫療卡作為證明。

然而，該分行的經理S女士覺得整件事很可疑。在她看來，強森老先生的身分證件與銀行的紀錄並不完全相符，孫女的身分證件也很有問題，強森帳戶裡的那筆錢更是來源可疑。她不會讓他領走一毛錢的。她告訴祖孫兩人必須「驗證」他們的卡，然後趁機報警「有欺詐案正在發生」。

警察趕到現場後，將兩人帶到銀行外面，並在熙熙攘攘的人行道上銬上手銬。

爺爺和孫女被迫分開並接受搜身，女孩忍不住哭出來，但兩人仍然努力保持冷靜。爺爺不停地詢問問題出在哪裡，之前他的證件一直都沒問題，怎麼會突然不符合紀錄？

祖孫兩人被扣在人行道上時，其中一名警察打了一些電話，確認官方紀錄中孫女的確是十二歲，而不是如S女士推測的十七歲，警察趕緊解開她的手銬。進一步詢問S女士，她仍然堅持這是一場詐騙，於是該名警察打了更多通電話，並與相關單位確認強森老先生和孫女都是赫爾澤族人，他最近收到的這筆錢完全合法，女孩還未達法定年齡，所以用母親的證件來證明身分並沒有問題。要知道，既然警方可以打這些電話求證，那名分行經理S女士當然也行。

耗了四十五分鐘，警察終於解開強森老先生的手銬，告訴他可以走了。祖孫兩人前往溫哥華警察局的當地分局，警察解釋了他們最初被上銬逮捕的原因。溫哥華警察局宣稱，該名警員已道歉。這起事件登上新聞後不久，溫哥華警察局表示「令人遺憾」。銀行的聲明則宣稱，他們「有明確地道歉」，並且「對於最近發生的事件並沒有反映出我們最好的狀態，我們深表遺憾」。

一般來說，祖父母帶著孫兒開設銀行帳戶時，通常只會遇到惱人的文書作業，很少會在公共場合一起被銬上手銬、搜身。很多人認為強森祖孫之所以受到這樣的待遇，是因為他們是原住民，警方和銀行對此都予以否認。根據溫哥華警察局的說法，

S女士報警時宣稱強森祖孫是「南亞人」，但她明明拿著他們的部落身分卡，因此這番說詞非常奇怪。

逮捕事件發生幾天後，銀行打電話向強森老先生道歉，但他不為所動。「傷害已經造成了，我的孫女往後都會感到恐懼。」他考慮要透過加拿大人權法庭提起告訴。大約一個月後，該銀行宣布成立原住民諮詢委員會。銀行高層喬韓森女士表示，他們報警時犯了一個錯誤，他們「對這種情況由衷感到悲傷、失望、尷尬和抱歉」，但經過委員會審查後，認為該事件「無法認定」有種族歧視的性質。在一場慷慨激昂的記者會上，喬韓森女士只提到「情況」、「意外狀況」、「發生的事情」等字眼，但她的發言中從未提到「逮捕」、「上銬」或「十二歲」這些關鍵詞。

這些避重就輕無濟於事，強森最終對溫哥華警察局和蒙特婁銀行提告。溫哥華警察局堅稱，他們被告知強森祖孫是南亞人，另外青少年「有時有逃跑的風險」，因此上手銬是合理的。警察把強森祖孫從銀行帶到大街上，則是「為了保護被逮捕者的隱私」，但根據監視錄影來看，街上人來人往，何來保護隱私可言？

強森祖孫這段期間收到的道歉都很糟糕、拖延、閃爍其詞又缺乏說服力。這些言論並不會讓溫哥華警察局和蒙特婁銀行變得更好。

這個事件裡誰握有權力？是大型國家銀行和警察局。有很長一段時間，這種對原住民的侮辱性對待不會引起社會大眾的注意，但隨著文化轉型開始對既有的權力結構提出挑戰，這些權力強大的單位也會感到恐懼、起防禦心，並完全否認自己的所作所為有什麼不妥之處。

當今世界運轉更快速

時機問題在這裡很重要，而且看起來我們可能會自相矛盾。社會大眾對於蒙特婁銀行如此對待強森祖孫提出強烈的不滿，但銀行遲遲沒有做出任何回應，不僅讓強森祖孫感覺受到忽視，甚至顯得更加侮辱人。

銀行該做的是立即採取行動，而立即行動並不代表你的行動必須一口氣就面面俱到。任何有良心的人，得知自家企業竟然報警逮捕跟著爺爺來開戶的十二歲女孩，應該都會立刻對他們說：「我們非常抱歉！我們不應該未經查證就草率報警！你們不應該被銬起來的。我們內部會調查這件事到底是怎麼發生的，並確保往後不會再發生類似事件！您希望我們為您做什麼嗎？」然後銀行再花時間做詳細的審查。

不過，在其他性質不同的情況下，道歉之前最好先經過深思熟慮，可惜對當今社會的大多數人來說，要放慢速度非常困難。我們在面對他人的羞辱或道歉做出公開反應之前不會花點時間喘口氣，每當政治人物或名人做錯事時，大眾就會強烈要求他們馬上做出以下兩種選擇之一：忽視抗議或立即發表聲明。

但有時最好先等一下再說對不起。歐柏林學院的心理學教授弗朗茨（Cynthia M. Frantz）針對道歉的時機進行研究，她在《實驗社會心理學期刊》上發表了一篇名為〈晚比早好：時機對道歉效果的影響〉的論文。她先請八十三名學生想像有朋友忘記按照約定時間赴約，接著她請受試學生分別想像三個情況：朋友一趕到就開口道歉、學生先表達自己的不滿，朋友接著道歉、朋友完全沒有道歉。研究結果顯示，學生若有機會向朋友表達自己的情緒，對於他們接下來收到的道歉會有最正向的感受。對他們來說，感覺到被傾聽很重要。

作者之一的蘇珊有位朋友是頗有成就的黑人女性，曾經要求蘇珊在向人介紹她時不要特別提到這些成就，因為她喜歡在比較單純的情況下認識新朋友。她也提到，感覺蘇珊在介紹白人朋友時並不會做同樣的事情。蘇珊聽了馬上辯解，表示自己之後會以朋友所偏好的來介紹她——但是她絕對沒有特別強調這位朋友的成就，她對每個人都是一視同仁！蘇珊的朋友雖然接受了她的說法，但感覺上似乎覺得自己的想法沒有被充分理解。

蘇珊後續一直在思考這個問題，並意識到朋友的觀察是對的。她的確經常強調這位朋友的成就，雖然用意是想打破種族刻板印象，但顯然忽視了當事人的感受。她打電話向朋友道歉，內容大致如下：「我想了一下你說的話，你說得沒錯，對不起！我不會再這樣做了。現在我明白為什麼了，很謝謝你的解釋。」對方也接受了道歉。在這種情況下，坐下來思考一下是很重要的，可以讓一切變得更好。

當道歉是下意識發出的時候，往往會很糟糕。很多公開道歉之所以差勁，正是因為它們是立即的道歉，公眾人物經常對Instagram、TikTok和YouTube上的憤怒評論做出情緒失控的反應，顯然沒有花時間思考自己到底做錯了什麼，有時甚至會否認顯而易見的事實，因為當一個人感到走投無路時，撒謊是驚慌失措之餘最本能的選擇。第一波道歉失敗之後，第二波道歉會在幾個小時或一、兩天後出現，這一次就會以方便在不同平台轉發分享的精美圖卡呈現，用字遣詞經過一番雕琢，口吻完全不同於當事人自己第一波發的道歉文，明顯是由公關團隊製作的——第一次道歉是自戀的；第二次是自私自利的。

新聞二十四小時連播的生態也無益於提升道歉的水準。但我們還是希望，如果大家能從各式各樣的公開道歉中記取教訓，或許多少還是有助於日常道歉的改善，即使你學到的教訓是「我可以道歉得比這傢伙更好！」也不錯。

道歉的樂趣

當你道歉後，會有一種釋放自我的感覺，有一種解脫、清澈的感覺，痛苦都結束了，你不必迴避這個話題，不再發現自己暗地裡輾轉反側、內心痛苦地希望它消失不見，因為你已處理了。你也不再執著於那些公眾人物是否為他們的過錯道歉，因為你已經正面處理了自己的錯誤。

目前，我們正在從「指控文化」（call-out culture）慢慢轉向「內塑文化」（call-in culture）。「內塑文化」是由史密斯學院教授羅斯（Loretta J. Ross）所推廣的，內塑文化招攬那些需要協助來接納差異性和多樣性的人，並讓他們有機會進行自我教育、成為更好的人。這種仁慈的指導可以促成立場相對者或旁觀者成為新的盟友，由不同背景、年齡層、種族和宗教的人相互支持，建造一個更加公正的世界。

社群媒體通常是有毒的，但它也在進行民主化。當然總是會有比較激進的人，難以接受改變，也總是有人會拒絕帶著善意去談判，但是，如果我們選擇不去攻擊那些因為不了解自己到底做錯什麼而道歉失當的人，我們也會從中受益。

分析公開道歉有益於社會大眾，但人與人之間私下的道歉同樣重要（甚至可能更重要），也值得予以尊重。成功的道歉可以改善社會結構，我們沒有人是孤立無援的，我們都在這個世界上相互交錯，我們的行為會影響他人，而他們的行為也會影響我們，我們都需要善待彼此，這樣世界才會變得美好。當社會結構被撕裂時，情緒就會變得原始，整個世界顯得既冷酷又糟糕。

然而，一旦錯待我們的人願意真心誠意且經過深思熟慮後道歉，我們就會覺得這不是一個見到不公不義卻無動於衷的世界。用心的道歉讓我們感到溫暖，顯示自己並非孤單地在社會中沉浮，值得受到平等、認真的對待。我們都希望感覺到自己很重要，我們的尊嚴、時間和情感都很重要，所有人都被這些連結在一起。

道歉是小事，但比大多數人想像的更有力量。我們不時會覺得改變世界太過艱鉅，不知道該從何著手，有太多地方需要修正，但微小的舉動可以產生巨大的反響，就像一隻蝴蝶在亞馬遜河拍動翅膀最終颳起了一場風暴。我們可以從驚訝的微笑、撫平的皺眉、放鬆的攻擊姿態中看到道歉的正面影響。

關於我們正在經歷的這一刻

大家之所以說道歉正夯，是因為看到越來越多的公開道歉，某種程度上來說，這是一件好事。我們在訓練動物時，得知學習新事物的最好方法之一就是看到其他同類受到規訓，人類也是如此。舉例來說，美國前一陣子有些地方在推行「寵物牽繩法案」，部分反對人士譏笑這是不是跟納粹德國學的，引發輿論譁然。看到這些反對人士尖酸的言論受到反擊和破解，以及他們笨拙的辯護言論有多可笑，如此一來就可以讓許多旁觀者意識到這種比喻的失當之處。

「正夯」這個詞有時給人負面印象，有些人也很擔心哪天這股「風潮」就會吹到自己身上，因為自己學生時代很容易說出白目的話，或是在網路論壇、聊天群組中失言。儘管道歉實際上並非新鮮事，但最近這個話題受到關注，我們希望能促成好的結果——有越來越多人了解「對不起，如果……」這個句型到底有多糟糕……

與其說道歉正夯的風潮已經到來，不如說認知道歉重要性的時代已經到來。

行動項目（勾選清單）

- ☐ **你欠別人一個道歉嗎？**不要對此下意識地做出反應，否則事情可能會變得更糟。稍微思考一下，想想你會說什麼，可以閱讀本書作為參考。
- ☐ **你公開搞砸過嗎？**要知道，你不必時時查看社群媒體，登出吧！與信任的朋友交談，思考下一步。

□ **深呼吸。**受到很多人的指責確實很糟糕，但大多數時候他們都會繼續前進。當你心跳加速、感覺被圍剿時，就無法思考出最好的行動方案。

□ **如果有人生你的氣，就讓他們說出來吧。**他們需要感受到被人傾聽，所以請你試著傾聽。如果你聽不懂，就閉嘴，盡量把他們的話記在腦子裡，以便稍後回想和思考。他們是在提供機會讓你改正做錯的地方，要是他們從此斷絕聯繫，你是很難彌補的。

□ **考慮執行社群媒體關機日。**每周挑一天，不要上網，不要看電視新聞，專注於當下，你可以辦到的。

不道歉的四個理由

1. **你根本沒有歉意：**這種情況下，你只會做出糟糕的道歉，讓事情雪上加霜，不如不要道歉。不過，你可能需要和信任的人討論一下自己是否應該懷抱歉意。

舉例來說，假設你並沒有因為拒絕吃朋友做的角豆甜菜小蛋糕而心懷歉疚，那就不要為此道歉。你可以選擇因為傷害朋友的感受而道歉，或者自己沒有提前請對方帶你喜歡的南瓜麵包來而道歉，也可以為自己對角豆甜菜小蛋糕的失禮評論說聲對不起。

2．**反而會傷害對方：**你是否有意或無意地使用道歉作為武器，好讓自己產生優越或以此貶損對方？

3．**對方不想聽到你的消息：**在這個情況下，你的道歉都無關乎對方的感受，只是想滿足你自己的贖罪心理。

4．**對方要求的道歉太超過：**如果對方拒絕原諒但又堅持要你繼續道歉，此時你就該停下來。

CHAPTER

02

成功道歉的六個簡單步驟

一個成功的道歉可以糾正失序之處、尊重他人的價值，並消除侮辱。反之，失敗的道歉會讓事情變得更糟。假如我的狗狗對你狂吠，而我的反應是：「對不起，但你不應該那樣看牠，有養狗的人都知道不要這樣做。」這樣的說法顯然是火上加油，因為我有意無意暗示這其實是你的問題——所以也許你該向我道歉，你還很無知，不是一個愛狗的人（或是差勁的愛狗人）。

犯錯或輸給別人的感覺並不好玩，甚至對某些人來說痛苦得要命，而不得不重新審視自己預設的想法往往也讓人不舒服。「我的漫畫構想才沒有種族歧視，因為我又不是種族歧視者。」「我怎麼可能姿態擺得很高？我明明很尊重每個人啊，即使是像喬丹這樣的蠢貨。」「竟然有人覺得我咄咄逼人！我的內心可是住著一隻毛茸茸的可愛小鴨鴨。」「我支持的政黨不可能做任何有害的事情，或者不會比其他政黨糟糕，因為我們在這個議題上可是站在正義／正確的一方。」簡言之，要承認自身的世界觀有缺陷是需要經過一番省思的。

成功道歉的簡單步驟

我們認為成功的道歉包含六個步驟（或說六．五個），如下所示：

1. 說「對不起」。
2. 因為你所做的事。
3. 說明你知道為什麼這是不對的。
4. 僅在需要時解釋，不要找藉口。
5. 說明為什麼這種情況不會再發生。
6. 主動提出彌補。
6.5. 傾聽。

讓我們來進一步分析。第一個步驟是說出「抱歉」或「對不起」，這很基本，卻經常被忽視，因為這些話會讓人承擔起責任，所以大家常會不假思索地避免說出口。比方說，與氣爆事件有關的單位表示：「我們對氣爆意外感到遺憾！」但老實說，有誰不會對這起事件感到遺憾？因此，需要為氣爆意外負責的人可不是只要說聲「遺憾」就沒事了。心理學家海瑞亞・勒納著有《如果那時候，好好說了「對不起」》一書，認為「我感到抱歉」（I'm sorry）是「英語中最有力的一句話」。

英國幽默作家白朗寧（Guy Browning）寫道：「如果你無法把道歉說出口，你可以說你對某件事感到很遺憾，因為這是『我很遺憾自己處於需要道歉的情況』的簡略版本。」他很中肯地點出有太多人使用「遺憾」來逃避責任。美國俄亥俄州的國民警衛隊曾向和平抗議的學生開槍，造成四人死亡、九人受傷，國民警衛隊事後發表了遺憾聲明。被問及這是不是道歉時，警衛隊副官告訴記者：「不是道歉，我們是表達了悲傷和遺憾，就像向死者家屬表示哀悼一樣。」

「遺憾」與負起責任無關，「道歉」才是承認你對於眼前的狀況負有全責或部分責任。你要是真心想道歉，就必須敢於承擔責任，而不是拿傷心等情緒來混淆視聽。此外，「遺憾」談的是你自身的感受，而不是你該道歉的對象的感受，後者才是當下最重要的。如果對方接受道歉、願意原諒你，你可以再快速帶出這些詞彙，例如說你在「遺憾」的同時感到「懊悔」、「自責」和「痛苦」，但是你不該在一開始就說這些詞。

道歉的重點在於向受到傷害的人道歉。假設你是被拍到亂舔展示櫃內甜甜圈的名人，或是違法注射大量類固醇的知名球員，被抓包後不僅反控其他同行作弊，還揚言要把所有暗示自己注射類固醇的人全都告上法院，你要如何做出更得體的回應？你首先該做的是向甜甜圈店店員和消費者、其他球隊隊員道歉，而不是向失望的粉絲、支持者、球隊老闆、代言的品牌公司等道歉。你當然也可以向他們道歉，但一味談論你如何讓粉絲和國家失望，卻避而不談你究竟做了什麼好事讓他們失望，那就表示你對自己的不當行為嚴重缺乏理解，你真正關心的只有自己的職業生涯而已。

第二個步驟，明確指出是什麼原因！這是非常重要卻經常被搞砸的一步。大家對自己的行為感到尷尬，急著畫下句點，卻無法鬆口說出自己到底做了什麼。其實只需要簡述一下就好，表達出你對自己所做哪件事情感到抱歉，這麼做的效果完全不同於含糊不清的「很遺憾這件事造成有些人的誤會」。

有些道歉的人之所以不願意說出自己的錯誤在哪裡，可能是單純不想再度回想，但有些人不願意明確講出來是在耍心機，因為他們只想為自己部分的行為道歉，所以企圖用措辭含糊的道歉矇混過關。比方說：「很抱歉我搞砸了你的晚會派對。」背後的意思可能是他們很抱歉亂擠酸辣醬，但對於說你妹妹「看起來像個很好上的賤貨」一事毫無歉意。

然而你或許根本不在乎酸辣醬的事，但為妹妹感到難過，她一直期待見到你這些原以為很酷的藝術家朋友，而現在她再也不想看到他們。又或者你根本不在乎酸辣醬跟對方怎麼講你妹，你氣的是他們偷開你的車出去兜風，油箱都快空了才回來……無論是哪種情況，你都沒有真正因為那些讓你心煩意亂的事情而得到道歉，因為道歉的人含糊其辭。

請記住，一定要為你所「做」的事情道歉，而不是把焦點放在對方對此有何感受。你要為自己的行為道歉，而不是為對方產生的反應道歉，這是非常重要的區別。你要道歉的事情是罵對方是雙面人，而不是因為「惹他們生氣」。大家經常搞混兩者，這是一種逃避和偷懶的做法。正如喜劇演員拉姆齊（Francheska Ramsey）所言，「我很抱歉你有這種感覺」總是比「很抱歉我讓你有這種感覺，我會改進的」更容易說出口。

我們要再舉一個近年發生的不願明確說出自身錯誤的公關事件。某個國際時尚品牌已經有多次使用種族歧視圖像、侮辱ＬＧＢＴＱ族群、說某些名人「醜陋」和「廉價」的前科紀錄，那時他們又上傳一系列具有種族歧視涵義的影片，影片內容為一名中國女子嘗試用筷子吃義大利菜但失敗的畫面，甚至鏡頭外還有人對該女子說出帶有性暗示的不當言論。

該國際品牌的官方道歉不應該只是用義大利語對著鏡頭憂鬱地表達「我們深刻反省我們的言行對中國人民和中國的影響」、「我們感到難過」等模糊的情緒。（再次強調：你的感受無關緊要，不要放到道歉聲明中。）此外，「我希望你們能原諒我們在文化理解上的失誤」和「我們非常重視這份道歉聲明」，對於解釋該公司不停重蹈覆轍並沒有任何意義。

在說明你做了什麼或說過什麼的時候，請使用「我做了／說了……」的主動句型。不要說「我很抱歉，烤麵包機砸到你的腳」，而是要說「我很抱歉，我把烤麵包機砸到你的腳上」。事實上，我們經常看到很多表達方式都是為了避免點出什麼人做了什麼事情，例如「舊推文曝光了」、「糟糕的事情發生了」、「發生了計畫之外的化學物質洩漏」等。

我們努力做出悲傷的表情

說出你所做的事情是承擔責任的一部分，不過我們注意到有些人，尤其是公眾人物和企業代表雖然會說「我承擔責任」（因為知道這是他們應該說的話），但他們實際上可能根本沒有要承擔責任。「我們的產品讓消費者的皮膚上出現持久的綠色淡斑，這讓我感到很糟糕，我承擔全部責任。我出國出差的時候，有人更動了產品配方，我第一次聽說這件事是消費者請律師提出控告的時候。我為那些塗抹產品之前沒有仔細閱讀使用說明的人感到難過。」看出來了嗎？這個人實際上並沒有承擔任何責任，廠商在被告上法院之前應該是不會支付消費者醫療費用的。同理，不要花篇幅詳述你的 Instagram 貼文失言都是社群小編的錯，也不要空泛地說你要負起責任，卻絲毫未提你究竟要如何承擔。

看了這麼多失敗的道歉，讓我們換個口味，看看成功的正面例子。一名媽媽出席在俄亥俄州歷史博物館舉行的一場婚禮，當她需要親餵小孩母奶時竟遭到兩名館方工作人員制止，堅稱她不能在別人可以看到的地方餵母奶（但婚禮現場都是家人親戚）。館方在後續處理中願意承擔責任和提出改進的承諾，他們先向這名媽媽道歉，主動公開該事件的相關訊息，並對兩名違反州法律的工作人員懲處。他們也邀請推廣母乳哺育的單位來進行教育訓練，並展示俄亥俄州歷史中的婦女哺乳衣圖片。這是一個很好的道歉，而且被當事人接受了，該名媽媽最後並未採取任何法律行動。

第三個步驟是展現你知道為什麼自己所做的事情是不好的。你了解造成什麼影響，並予以承認。假設你未經允許擅自拿走了對方的彈跳棒（pogo stick），你該為此道歉；假設拿走彈跳棒害對方困在沙漠裡，你該道歉的事也要再加上這一點。

假設你手機關靜音小睡一會兒，不小心錯過預計在未婚夫喬丹的父母家舉行的訂婚派對，你應該為此道歉；要是這中間喬丹因為害怕你出了什麼意外，而狂打電話給所有的共同朋友，甚至是各大醫院急診室——我們建議你好好了解一下自己還有什麼需要道歉的，但千萬不要假裝唯一的問題只是你累了。

音樂人兼作家肖娜・波特（Shawna Potter）在著作《讓空間更安全》（*Making Safer Spaces*）中，提供了一個租屋室友之間分配洗碗家務的例子。假設昨晚室友A說會把全部的碗盤放到自動洗碗機裡，但室友B今天早上回家發現對方沒有這樣做，室友A應該道歉，不應該只是說：「對不起！我昨天在開線上會議！媽呀！」

波特建議我們最好說：「我很抱歉我忘記把碗盤放進洗碗機裡，我知道這讓你覺得很煩，因為你上完夜班回到家之後希望可以趕快弄頓飯來吃，而不是還要先處理髒碗盤。」如果室友A認為問題在於昨天的線上會議開太久，那麼可能就要記得下一次不要在會議日承諾要負責清洗碗盤。最後，我們可以提出彌補方案：如果髒碗盤還放在原處，我們現在就可以動手整理，或者主動幫室友B準備餐點，甚至叫外送也可以。

這對我的傷害比對你的傷害更大

「我感覺很糟糕！」
「我會進行一些自我反省。」
「我對自己的反常行為深感羞愧。」

「我希望那一晚沒有發生。」

「這些事件讓我感到非常悲痛。」

「我們很傷心。」

「我心碎了。」

請記住，道歉與你和你的感受無關。我們前面說你應該表明你了解會造成什麼影響，指的是對其他人的影響，而不是對你自己的影響。道歉並不是為了表達你有多傷心難過，道歉的重點是對方，以及你的所作所為如何讓他們感到難過或生氣。

成功道歉的第四個步驟是解釋為什麼發生了這件事——如果有必要的話，而且只在有必要的情況下才解釋。比方說，我因為今天過得很不順心而對家人大小聲，我道歉時可以簡單解釋「我今天過得很不順，並不是你的錯」，請注意不要以此為開頭，趁機把對方也罵進來（我今天非常不順，你竟然還來問我有沒有看到你的鞋子?!我是你的奴隸是不是？），也不要藉此抱怨自己今天有多不開心。

有時候解釋是能帶來幫助的，例如：「我兒子有一輛一模一樣的三輪車，我以為他騎一騎就丟在人行道上，我真的不是故意要偷你小孩的三輪車。真的很抱歉！我可以理解你的不高興，換作是我也會不高興。我應該注意到車把上有漂亮的裝飾彩帶。」除此之外，有時人也想要和需要解釋來理解一件事情的前因後果。「我已讀不回是因為知道你說某某在利用我的事是真的，我覺得自己簡直是個大白痴。我沒有生你的氣，我只是無法面對你。」

要提醒大家注意，別讓解釋變成藉口，請記住「我不是故意的」就是一個藉口，不是說了就可以不用負責任。「你的意圖」和「造成的影響」是不同的兩件事，而後者比前者更重要：我打開門是想要呼吸新鮮空氣，並不是意圖要把你的貓放出門，但最終導致貓咪不見了。其他常見的藉口有「系統程式沒有算入第一線的醫護人員，導致本院優先幫一些較少到醫院來的資深醫生接種疫苗」、「我們的組織內部正在轉型，所以交接上有些疏漏」、「我的喜劇很前衛，所以有些人看不懂裡面蘊含的深刻文化批判」。

這裡也舉例說明解釋（有時是好的）、藉口（壞的）和攻擊（非常壞的）的差異。假設我出席你的產前媽媽派對大遲到，理由是我搭公車來的途中遇到交通意外，這是一個解釋。如果我遲到的理由是還在宿醉，那就是藉口。如果我的理由是這類派對根本是消費主義對大眾的洗腦，我得勉強自己前來「共襄盛舉」，那就是一種攻擊。

第五個步驟則是說出你所做的事情為什麼不會再發生——「所有工作人員都會接受母乳哺育聯盟提供的教育訓練」、「現在我知道你對這個綽號的感受了，我再也不會這樣叫你了」、「我們解僱了該名行為不當的經理」、「我昨晚開始參加匿名戒酒會的活動，明天晚上我還會再去」。

在某些情況下，你可能需要尋求其他人的幫助。一旦你決心改變自己的行為或修復所造成的傷害，請找一個可以幫助你承擔責任的人，例如商業諮詢教練、調解員、顧問或心理師，也就是與你的組織無關的第三者，這是讓你獲得公正觀點的唯一方法。

有些情況並不需要這個步驟，因為很明顯同樣的事情要再發生可不容易。試想，我下一次不小心放鞭炮炸壞你租來的鋼琴的機率有多大？

第六個步驟是主動提出要為你的所作所為彌補。假設客人在派對上亂噴酸辣醬，他們道歉時可以提出幫你清洗所有沾到醬汁的東西以示補償。如果有需要的話，雙方可能會討論如何從更宏大的面向彌補。比如說酒駕司機無法讓車禍死者死而復生，但可以選擇捐款給緊急救護單位，幫助他們購買配備更好的新救護車，拯救更多生命。飯店可以安排辨別隱性偏見的教育訓練，而且受訓人員不只限於基層員工，是全飯店上下，重新改變過去的糟糕公司政策和文化。

大家應該不難理解，並非每一次的道歉都得要採取所有步驟，但是**請絕對不要跳過第一和第二個步驟**——一定要說你很抱歉，以及你為什麼感到抱歉。

很多地方都說最後一個步驟是請求對方的原諒，但我們並不認同，請求原諒根本不應該成為道歉的一部分。請求寬恕就像要求別人給你禮物一樣，而禮物應該是對方有選擇要不要給予的自由。身為道歉的一方意味著你目前沒有主控權，所以不能要求你傷害過的人還得讓你感覺好一點。道歉不是談判，正如不應該有藉口一樣，企圖換取對方的原諒並不屬於道歉的一環。

第六．五個步驟則是根據情況，確保你道歉的對象能夠發表他們的意見，請你仔細聽，不要打斷、不要自我辯護，好好聆聽就是了。

傳送不同訊息的不同機制

手寫信：這是最有效的道歉方式，我們現在很少寫手寫信了，這也表示在正式的信紙寫下道歉能展現出你對這件事的重視。如果你做了非常糟糕的事情，不妨寫一封信道歉，如果你犯的錯只是中等程度的糟糕，那麼就寄一張正面寫著「對不起，我是一個大混蛋」的明信片吧（當然其他的明信片也可以）。

電子郵件：如果你需要說明大量的前因後果，電子郵件是很好的媒介（再次請你注意，過度的解釋只會被視為找藉口）。電子郵件讓你得以盡情表達，但又沒有手寫信那麼讓人感到有壓力。請一定要以「你不必對此做出回應」來收尾，因為搞砸事情的你可沒有那個權力要求對方一定回覆。

私訊：在數位時代這通常是最佳的道歉選項。雖然不是很正式，但有其體貼之處，不會讓接收道歉的人有太多的包袱。對方可以選擇要不要回覆、何時回覆。這個方法適用於犯小錯的時候，你可以傳道歉訊息跟對方說：「我知道我搞砸了，希望你不要因此而感到不舒服。」

面對面：關於面對面道歉，最重要的先決條件是選在對方能夠任意離開你的地方。例如你預計接下來的二十分鐘要親口跟對方道歉，請千萬不要選在你的車上道歉，因為如果對方覺得不舒服，便沒有辦法隨時離開。話說回來，你還沒道完歉對方就想走了，那就代表你選錯道歉方法了！就讓他們走吧，不要在後面窮追不捨。這種時候請跟善於道歉的朋友討論你的情況，並考慮在你再次嘗試之前先給對方一些時間，而且這一次你最好是透過私訊、電子郵件或手寫信道歉。道歉最怕讓對方覺得被逼入絕境，要是他們不想跟你說話，那就尊重他們的選擇。

完成所有六個（或六．五個）步驟，代表你做到了很多人無法做到的事情。當你願意努力這樣做，就是在實現公平正義，改正錯誤。你很棒。

行動步驟

請記住這些步驟，你可以影印出來貼在電腦旁邊，或記錄在手機上。你要找人把它們編成一首琅琅上口的歌也行。

- □ 1. 說「對不起」。
- □ 2. 因為你所做的事。
- □ 3. 說明你知道為什麼這是不對的。
- □ 4. 僅在需要時解釋，不要找藉口。
- □ 5. 說明為什麼這種情況不會再發生。
- □ 6. 主動提出彌補。
- □ 6.5 傾聽。

「道歉應該準確地說出你做錯了什麼」的例外

如果說出你做錯的事情會造成二次傷害該怎麼辦？如果你的錯誤涉及仇恨語言、種族歧視或惡搞型的羞辱，你在道歉時最好用比較圓融的方式提及，而不是完整重複那些話。例如你可以說：「我所說的話很侮辱人，而且也不是事實，我為那樣說你而道歉，我不該這樣說你。」「我很抱歉拿刻板的種族歧視套用到你身上。」「我在搞笑上做得太過頭了，我真的太蠢了，真的很抱歉。」另一個常見的情況是，如果你跟對方另一半外遇，你深感抱歉並希望加以改正，那麼也請不要詳細描述你和對方伴侶在一起時的情況。

關於「何時該避免具體說明」的最佳建議是來自英國喜劇團體「蒙提巨蟒」的永恆免責聲明：「我們想為政客在這個節目中的表現方式道歉，我們無意暗示政客：是軟弱的爭權奪利的趨炎附勢者，但他們更在乎的是個人恩怨和私人權力鬥爭，而不是政府問題。我們也無意暗示他們拒絕自由辯論而犧牲自己的信譽，以及在重大問題上誤以為政黨的團結遠比為他們所代表的人民爭取福祉要來得重要。也沒有暗示他們在任何階段中總是在爭吵、阿諛奉承，而沒有關心社會的重大社會問題。事實上，我們也不想讓觀眾將政客視為暴躁、貪腐的、自私自利的小害蟲，過度沉迷於酒精和做出可能會令某些人感到冒犯的露骨行為，如果給大家留下這樣的印象，我們在此致上最深的歉意。」

CHAPTER

03

那些不該說的話

「對不起，如果……」、「對不起，可是……」：

如果成功的道歉包含六個（半）元素，那麼失敗的道歉有多少？非常之多，不勝枚舉。「道歉觀察家」分析過數千則道歉，但人類總有辦法搬出新的搞砸方法，這讓我們感到驚訝。把「對不起」跟以下這些句子組合在一起，就意味著這注定是糟糕透頂的道歉，例如「我說這位先生是無知的老娘炮，是被有心人斷章取義」、「我忘記帶鑰匙是因為只有我一個人忙著確認孩子的東西有沒有帶齊」、「我只是想表現友善來歡迎這名新員工，她顯然不了解我們的風格」。這類道歉本質上都在閃躲道歉者該負的責任，因為說話者試圖讓自己的錯誤看起來是別人造成的。

請記得人都會有黑暗面

糟糕道歉會發生的原因之一是當事人堅信自己的清白，我們絕大多數人都有這種傾向。我們當過天真純潔的小孩，對任何人都沒有不好的想法，人畜無害。然而現在情況變了，只是我們沒有意識到自己已經長成具有威脅性的大人，口中會吐出各種傷人的可怕詞彙，並在成長過程中吸收了各種不堪的偏見。若是沒有意識到這一點，就很容易產生一股不負責任感，並進一步衍生出委屈感，不理解為什麼其他人要找自己的碴。

無知會造成傲慢的心態：「我認為自己內心很純潔，所以我說什麼都可以。我很震驚有人會批評我的想法。」這種傲慢對某些人來說尤其危險：「我認為你根本不了解，我在專業上是對的，因為我就是做這個的！」

這種「天真無知大寶寶」的心態很常在政商名流身上看到，所以每當他們因為性別歧視、恐同、身心障礙歧視、種族歧視、網路霸凌或其他令人反感的言行舉止，被大眾要求道歉時，他們往往會感到很驚訝。假設有人指責他們說了種族歧視的言論，他們會一臉震驚，因為「天真無知大寶寶」不可能會種族歧視呀，而且他們也不記得自己有選擇要對別人種族歧視，所以一定是搞錯了，自己不過是開個玩笑而已！

這種心理衍生出一句耳熟能詳的經典糟糕道歉：「我不是這樣的人！」我們作者兩人太常碰到這句話，受其啟發開始製作「糟糕的道歉賓果卡」。「我不是這樣的人」還有其他的說法，例如：「那不代表我們的立場」、「我有一些最好的朋友是同志／黑人／身障人士……」、「這不能反映我的價值觀」、「認識我的人都知道我沒有種族歧視／性別歧視……」。

「我很抱歉」可以是一種「行事話語」

樸實無華的「對不起」和「我很抱歉」等用詞之所以會讓人感到害怕說出口，在於它們是「行事話語」（performative utterance）。「行事話語」是指你所說的內容可以實際上成為一種行動，我們舉幾個例子來說明，在牧師的見證下說出「我願意」，便代表你已經結成婚了，這句話本身就是行動。又或者，你說「賭五十美元熊隊會輸」，說出這句話的行為就是在下注，以及承諾如果熊隊輸了你就會付錢的行為。「各就各位，預備，開跑！」不只是幾個字而已，更是比賽真正開始。或是老闆說「你被解僱了」，而你說「我要辭職」，你們雙方都是在發出「行事話語」。

「我很抱歉」也是同樣的道理，即使不懂背後的原理，多數人也能感受到這句話蘊含的行動力，而這一點對某些人來說無異於承認自己做錯事，偏偏他們不想承認。也許這就是為什麼紐西蘭的某位市長兩次被抓到開車時使用手機，她發表的道歉聲明說自己「感到很羞愧」，「感到很羞愧」不屬於「行事話語」，只是在描述一種感覺。

有些人覺得自己屬於弱勢族群，因此理所當然地無知又無害，但事實並非如此。非裔音樂人奎斯特拉夫（Questlove）有一年前往日本巡迴演出，他在Instagram上發布了一些貼文，取笑日本人說英語的方式。有些人對此批判，奎斯特拉夫選擇好好地自我反省，刪除這些貼文並做出極為出色的道歉，他說自以為貼文「很有趣可愛」，但他做錯了：「有鑑於黑人文化經常受到外人進行類似的不當取笑，對於這個議題我應該要更敏感才對。我永遠不應該讓我的文化偏見凌駕於我實際的體驗之上。」一人表現偏見的方式有很多種，在某個部分成為受害者或弱勢者，並不代表你一定不會成為加害者。

他們永遠不會讓我忘記

有些道歉之所以失敗，是因為不想讓別人趁機握有你的弱點，這些人可能是你的政治對手，也可能是你心愛的家人。看起來很軟弱的恐懼深埋於我們群居動物的內心，因為這可能帶來危險。看起來很弱的野生動物往往是掠食者的目標，而對群居動物來說，只要自己一顯得軟弱，原本心愛的同伴可能會趁機發動攻擊或搶走自己的配偶，人類這個物種似乎也有保護自己形象的本能。

道歉內容含糊其辭是避免提供敵人反將自己一軍的方法。道歉者會說自己對事情的進展、發生的事情以及事情的結果感到抱歉，因為如果具體講出我很抱歉同時偷了你的車和女朋友、很抱歉我叫其他小孩不要和你一起玩，或者很抱歉我指示經理不要租給像你這樣的人，萬一你以後不停翻舊帳怎麼辦？更可怕的是萬一你打算告我呢？正因為如此，為「任何可能的誤解」道歉，感覺是最保險的做法。然而，失敗的道歉只會讓對方更加氣憤，聽到你「對結果感到抱歉」並不會讓他們感到安慰，而是火冒三丈。模糊無法幫助你修復好雙向的尊重，反而製造出新的憤怒來源，正如心理學家海瑞亞．勒納所寫的：「有時，當對方應該道歉卻沒有道歉，對我們造成的打擊比他們需要道歉的行為更為嚴重。」

這類模糊的道歉造成的另一個問題是可能會誤解該道歉的原因。假設丹妮說「我對自己講的話很抱歉」，她心裡想的是叫朋友「混蛋」這件事，由於沒有具體說明自己為什麼感到抱歉，她也就沒有發現朋友真正在意的是被叫做「惡霸」。這次避重就輕的道歉讓她無法找出真正讓朋友不高興的原因，所以她很可能下次還會再踩到對方的地雷。

影視文化呈現的道歉

有些人認為道歉是一種性格缺陷和弱點，像是警察局長不應該道歉，否則就是不支持基層警員；老師不應該道歉，否則就會失去對學生的權威。我們作者兩人對這種看法持強烈反對的態度，我們認為很多時候這樣的觀點只是不想做困難的事情和道歉的藉口，甚至可以說是一種懦弱。

作家巴帝斯泰拉（Edwin L. Battistella）在《抱歉：公開道歉的語言》一書中分析傳奇影星約翰．韋恩的電影《黃巾騎兵團》，很多人認為這部電影似乎廣為宣傳「道歉是怯懦和缺乏男子氣概」的觀念。韋恩飾演的上尉不斷告訴下屬：「永遠不要道歉，這是軟弱的表現。」巴帝斯泰拉指出，這種觀點「已經與某種類型的男性氣質連結在一起。這種男性氣質否認遺憾、同理心和負責任的重要性」。

然而，巴帝斯泰拉認為「找藉口是軟弱的表現」才是上尉一角真正要傳達的觀點。這部電影對於「道歉」和「男子氣概」之間關聯的詮釋實際上是很細膩的。太多自稱約翰．韋恩粉絲的人似乎從未注意到上尉也說過「老人應該停止戰爭」，或者面對下屬的失敗他勇於承擔責任：「只有發號施令的人該受到責備，這都是我的錯。」如果有更多的人願意聽進電影中的這些台詞，世界應該會更好吧。

唉，我們從電影中學到的道歉很多都很糟糕，像是「愛代表永遠不必說對不起」。各位編劇，關於愛情你們真的什麼都不懂！愛代表的是願意不斷地說對不起。

有部電影則提供了這樣的教訓：在受到脅迫下（而非自由且深思熟慮地）道歉，往往不是一個好的道歉。在電影《笨賊一籮筐》中，男主角亞奇原本拒絕為他批評另一個角色奧圖愚蠢而道歉，但在接下來的場景中，我們竟然看到亞奇說了一段漂亮的道歉：

我道歉，我真的感到非常非常抱歉，我毫無保留地道歉。我要完全撤回我說的話。這種指責完全沒有事實依據，絕不是公正的評論，純粹是出於惡意。我對我的言論可能給你或你的家人帶來的任何痛苦深感遺憾，在往後的時間裡，我承諾不會再重述任何類似的誹謗話語。

接著鏡頭一轉，我們看到原來是奧圖把亞奇倒吊起來，他才做出前述的發言。雖然大家明白這個道歉符合「成功的道歉」的許多條件，但事實並非如此，說話者在這種情況下之所以承諾不再犯錯，只是為了保全自己的生命安全，絕非真心誠意、值得信任的道歉。沒想到奧圖竟然接受了，而且似乎還很滿意……只能說劇情都告訴我們他腦袋不太靈光了。

三大NG道歉句型

只要企圖把問題歸咎於第三方，就會出現糟糕的道歉。「這不是我的錯」、「都是八卦網站的錯」、「那些酸民就愛翻黑歷史，專找我小時候不懂事發的貼文來鬧」……總之，就是千方百計地表達：「別生我的氣！都是他們不好！」類似情況在家庭生活中非常常見，就是小孩子吵架時會出現的那一套，有錯的永遠都是兄弟姐妹，例如「是他先弄我的！」「她偷看我的日記！」並以此合理化自己動手打人的行徑。老天爺啊，大家其實只要為自己所做的事情，好好道歉就可以了。

有時候冒犯者雖然道歉了，卻同時不停在「對不起」後面加上各種條件，讓道歉離「完整」（或完美）越來越遠。通常是繼續批評、指責對方才是鬧事者，或者建議別人要去諮商（這是最糟糕的），例如：「對不起，但你讓我太生氣了。」「抱歉，每次有人不尊重我的宗教信仰，我就無法克制自己。」

「對不起，但是……」是長期關係中經常出現的NG道歉。下面的對話模式你或許覺得很熟悉：

A：「很抱歉我那樣酸你，但這是因為你說我對動保的支持看法不重要！」

B：「我會這樣說是因為你先忽視汽車保固的問題，我很急！」

A：「我沒有忽視汽車保固的問題！我有在回想當初保證卡到底收到哪裡去了——」

翻出沒完沒了的舊帳會令人厭煩，所以在成功的道歉中，你不應該這樣做。以前面的對話範例來說，你要省略後半句的藉口，只需要說：「對不起我酸你，這麼做很沒禮貌而且也不應該。」不要用道歉作為批評對方的藉口或理由。這對多數人來說是很大的挑戰，就連作者瑪喬麗也會忍不住在道歉時企圖解釋自己的動機。無論你或瑪喬麗有多希望這些理由能成為成功道歉的一部分，那是永遠不可能的。只有當你先為嘖對方一事好好道歉，雙方才能夠繼續好好討論汽車保固和動保理念。

在《道歉的五種語言》（*The Five Languages of Apology*）一書中，舉了艾莉絲和瑪麗這對姐妹的例子。艾莉絲經常對瑪麗發脾氣，每次她道歉時都會一邊抱怨：「我只是希望你不要再貶低我了，我知道我的教育程度沒有你好，但這並不表示你可以把我當垃圾看待。」想當然耳瑪麗並沒有感受到歉意，只覺得自己再次受到攻擊。「這算什麼道歉？她把所有的責任都推到我身上。」我們同意瑪麗的觀點，即使瑪麗對艾莉絲的嘲弄是值得討論的問題，但這也需要與艾莉絲的情緒失控分開討論，而非混為一談。

我們也要注意，道歉者如果過於把焦點放在對自己犯的錯誤有多痛苦，就會導致一系列失敗的道歉，這其實很可惜。有時這代表道歉者進行了認真的反省，這是好事，但做得太過頭反倒造成反效果。

舉例來說，喬丹對你做了很惡劣的事情，你指出了這一點，他稍後會向你道歉，其中包括這一句：「我察覺到我對你很壞，一直在回想你的抱怨，每天晚上都睡不好，現在因為睡眠問題去看醫生。」這段話讓焦點變成喬丹，好像他遭受的痛苦比你的要更嚴重，搞得像是你要向他道歉才對。做出這種道歉的人，可能是無意中太過沉溺於自己的痛苦，但也可能是因為他們擁有強烈的自戀特質所致。

每次發生種族歧視事件，我們很常看到這類繞著「我」打轉的道歉。歧視者哭著說自己沒有注意到、自己感覺很糟糕、自己感到很抱歉，同時對於被指控是種族歧視者感到十分痛苦……這些人實際上是在要求受害者反過來給予原諒或安慰。性別歧視事件也差不多，之前發生過歧視跨性別者的人，後來陷入了道歉和自我羞辱的漩渦之中，變成受害者得出來安撫加害者的局面。這麼做絕對稱不上公平，還是請你簡短、平穩地道歉，以他人的需求為中心，而不是把焦點都放在你自己身上。

道歉者若是害怕進行「那樣的對話」，也會導致糟糕的道歉。他們既然不想好好檢視事情的前因後果，當然也不會想反思自己說過的話，他們只想以道歉來掩蓋事實。不過，這麼做並無法撫平內心的愧疚和罪惡感。

這樣的道歉對於「具體說明」避之唯恐不及，道歉者為「最近的事件」、「我的一些貼文」或「可能說過的話」道歉，然後就急著展望美好的明天。通常這些道歉企圖讓大家同意「過去的事情就讓它過去」，字裡行間透露出「很高興我們解決了這個問題，我們再也不要提這件事了吧，大家一起在和諧的氛圍中迎接美好的明天，無論我做了什麼，那都是很久以前的事了，我甚至記不清到底是什麼了」的想法。

事先練習

有些道歉之所以失敗是因為道歉者根本沒有事先練習，我們會在後續章節看到更多例子。很多人小時候沒有學過要如何好好道歉，身邊可以仿效的例子也沒幾個。也有人希望自己只要透過行動表達悔恨就好，不需要說出那些可怕的道歉字眼。採取行動是很好的選擇，但道歉還是得要配合實際的話語。

突然面臨需要道歉的情況，大多數人都會手足無措，不知道什麼時候需要具體說明自己要道歉的事情，什麼時候又不需要。或許我們只是不想弄清楚該如何好好道個歉，因為研究這件事並不有趣也不輕鬆。

人擁有這種狡猾的天賦，一個不小心我們就會發現自己說出各式各樣的自我保護之詞：「如果你認為我做了一些不恰當的事情，我很抱歉，但這從來不是我的本意。」「那是十幾年前的事了，我當時年輕不懂事。」「我很抱歉，但類固醇的使用在這項運動中很普遍……」

想研究失敗的道歉，不妨就從尋找含糊不清的說詞著手。道歉者是否明確說出對什麼事情感到抱歉？「事件」、「最近的那些事」等都是NG用詞。你還可以找找看他們在哪些部分輕輕提起，例如對方所謂的「抱歉造成困擾」，實際上最恰當的說法應該是「抱歉，我試圖把你踢出研討會名單，因為你批評了我的前一篇論文」。

不要針對他人感受的道歉

我們近年看到的許多失敗道歉都是針對他人感受的道歉，而不是聚焦於道歉者的言行。#MeToo運動中出現的許多道歉都屬於這一類：「很抱歉，那時我鎖上辦公室門並脫掉衣服，讓你感到不舒服。」「我永遠無意威嚇任何人，我隨意披著浴袍去開門時，如果有人感到不悅，我很抱歉。」「如果我探問性生活的舉動讓他們覺得職涯受到威脅，我深表歉意。」（讓我們來翻譯這些說詞背後的意思：「要相信女性，但請不要相信那些指控我的女性。」）

這種說法讓那些感到不舒服、受到恐嚇或害怕的人變成問題的來源，指責是他們誤會情況或者反應過度，曲解道歉者的善意和單純的意圖。

不是只有有錢有勢的人會針對他人的感受道歉，這種情況也經常在家庭中發生，例如：「很抱歉我沒有打電話給你，讓你不高興了。」「我很抱歉說你是從垃圾桶撿來的，讓你沒有發覺到我在開玩笑。」有些家人甚至養成了要其他人道歉的說話習慣，有個笑話可以當成絕佳示範：

兒子打電話問媽媽過得好嗎，媽媽哀傷地說：「不太好，我很虛弱。」

兒子：「你為什麼會很虛弱？」

媽媽：「因為我已經三十八天沒吃飯了！」

兒子：「你怎麼會三十八天都沒吃飯？」

媽媽：「因為我不希望你打電話回來時我的嘴裡塞滿食物！」

這就是在暗示兒子說對不起。同理，兒子若從媽媽那邊收到兩條領帶當生日禮物，下次去她家吃飯時無論他戴哪一條，媽媽都會進一步逼問：「所以你不喜歡另一條是不是？」

我都道歉了，還有什麼問題？

提到家庭，我們就不由得想到「有毒的道歉」這個議題，有毒的道歉比普通的失敗道歉還要糟糕。

有毒的道歉不只是表達不當而已，還像是包裹著毒藥的巧克力一般——每一顆巧克力裡面都塞滿了一種侮辱：「對狗狗大吼大叫這件事我道歉，但你又反應過度了。」「很抱歉我對你發脾氣，但你有時真的碎碎念到讓人受不了。」「我很抱歉這次的討論對你來說太難接受，如果你的情緒很容易受到刺激，可能要考慮接受諮詢。」「讓你感到不舒服，我向你道歉。」

如果你接受這樣的道歉，也就接受了其中隱含的侮辱。有毒的道歉意圖指責受害者有這些感受是不對的，他們不應該對於發生的事情有所不愉快——「顯然我跨越了某種看不見的界限。」「我都忘了我們生活在一個政治正確的時代。」「他們是不知道什麼叫喜劇表演嗎？」與此同時，有毒的道歉也會暗示其他人對自己的要求過高，以「我從來沒有說過我是完美的！」或「難道你就沒有犯錯過嗎？」等言論來隨機攻擊。沒有人認為這些做錯事的人是完美的，但他們仍然認為在特殊情況下，自己的所作所為是正確的。你問哪一種特殊情況？當然是所有的特殊情況！

據說伏爾泰說過，完美是善良的敵人，因為完美是不可能的，所以這不是一個合理的目標。失敗是與生俱來的，當你願意接受人人都有缺陷，就能接受我們都可以選擇是要好好道歉、隨便道歉或者根本不道歉。「掩蓋事實比犯罪更糟糕」是亙古不變的事實。掩飾就是隱藏不完美，進而導致麻煩；道歉與掩飾則是恰恰相反的兩件事。

我們有一個建議：如果你知道自己可能會道歉得很糟糕，請練習對著鏡子、你的毛小孩或是一株蒲公英道歉。一旦向鏡子、寵物或蒲公英道歉越來越熟練，下一個階段請找一名交情不錯的朋友練習，並請他們回饋，如果收到像你向他們展示的道歉會有什麼感想。如果他們的心得是覺得很厭煩，那麼你真正準備要道歉的對象很可能也有同樣的反應。總之，現在要給予怎麼樣的道歉，決定權在你身上。

承擔責任可以改變人生

關於成功的道歉有多療癒人心，讓我們最後來看一個有力的例子。哥倫比亞號太空梭爆炸後，該計畫的負責人黑爾（Wayne Hale）被推到前線承擔來自社會的炮火。他其實多次私下提出安全疑慮，但都遭到美國太空總署其他高層的忽視，然而他還是挺身出面道歉：

我有錯……我因未能阻止哥倫比亞號太空梭災難而受到良心的譴責。我們可以討論細節：注意力不集中、無能、分心、缺乏信念、缺乏理解、缺乏勇氣、懶惰。我沒有守住的底線，是沒能理解他們告訴我的內容，也沒能為此站出來並讓其他人意識到嚴重性。因此，大家不用再吵到底誰該負責任，哥倫比亞號墜毀是我的錯。

這段話可以清楚看到黑爾承擔了責任，承認了事件的影響，並沒有試圖推卸責任——請想像一下這需要多大的勇氣。

大約三年後，他再次道歉。起因於美國太空總署的初步調查認為，太空梭燃料箱上的隔熱材料安裝不當是造成爆炸的原因，媒體也盡責地報導，但後來科學家們發現，安裝不當根本不是原因，而是裝滿燃料的油箱因為常態的熱脹冷縮導致隔熱材料失效。這代表負責安裝隔熱材料的人員是無辜的，於是黑爾飛往位於別州的安裝工廠，在全體會議上親自向所有工作人員道歉，很抱歉讓他們為美國太空總署的錯誤背了黑鍋，這不是他們的錯，他很抱歉。他後來還在部落格中反思：「道歉對我來說是微薄的安慰，我的道歉出現得太晚也太少。」

然而，真的是如此嗎？你認為呢？

行動項目

在道歉之前，請檢視自己：

- □ 是否在推卸責任？
- □ 是否對犯下的錯誤避重就輕？
- □ 我聽起來是在自我辯護嗎？
- □ 我真的想在這裡道歉嗎？
- □ 我可以在道歉時不提醒對方他們也犯了哪些錯嗎？

對不起 vs. 我道歉

語言學家巴帝斯泰拉曾指出，「對不起」實際上並沒有表示歉意，只是表達了說話者的感受，就像「我覺得很遺憾」。相比之下，「我道歉」才是真正地表達歉意。

不過我們作者兩人認為，一般來說「對不起」與「我道歉」具有相同的分量

——只要後面沒有狡猾的附加說明，例如「如果我讓你感到生氣」、「有人蓄意中傷我，這麼做是出於偏見」或「被媒體斷章取義」。事實上，有些接收道歉的人會覺得「我道歉」過於正式，反而聽起來很疏遠且有壓迫感，或者只是在走形式，他們覺得「對不起」效果更好，因為聽起來更真心誠意。

糟糕的道歉賓果卡 #1

從未聲稱	心灰意冷的	不是我的 本意	我不是 故意的	扭曲事實 錯誤解讀
放下向前看	意圖	令人悲傷	明顯地	不符合 我的性格
原諒	讓我感到 沮喪的是	**自由 填空**	如果聽 起來像	實際上
人都會犯錯	我表達自己 的方式	很抱歉 如果……	我相信的	儘管
同情	我自己的 創傷	不完美	喝醉了	我很愧疚／ 充滿罪惡感

CHAPTER

04

都是大腦的錯
我們會說這些蠢話的科學依據

人之所以拒絕道歉，主要原因是我們擁有強烈的心理需求，希望在自己的故事中扮演英雄、好人。承認錯誤並且不為自身錯誤找個合理解釋，就代表我們變成了壞人，沒有人想要這樣，所以一般人都會為了維護形象而死不道歉，這是很值得多加探討一下的概念！

我的英雄走了

自我保護是人類的天性，我們不想受傷，也包括避免受到心理上的傷害。最糟糕的情況正是心理傷害是由我們自己一手造成的。

自我辯解就像是一帖強效藥，我們會拚命告訴自己沒有做錯任何事，就算真的做錯了，那也是「情有可原，我必須這麼做」！換句話說，我們是好人，但做了壞事，但這兩個概念相互矛盾，於是造成認知失調。要把這兩個不可能同時為真的事情牢記在腦海裡，會讓我們感到不自在、不舒服、懊惱和羞愧。壞事越糟糕，我們的內心就越感到衝突，一旦行為與自我意識相衝突，我們就會竭盡全力從中創造出意義和邏輯，這就是我們應對的方式。如果無法自認是個好人（或至少是努力做個好人），我們的心理可能因此無法好好運作，讓憂鬱、焦慮和內疚癱瘓自己的人生。

從某些角度來說，不去挑戰認知失調之處是比較明智的選擇。深入探究每一件做得不太好或不太正向的事情會讓人灰心喪志，輾轉難眠，除了哭泣和自我憎恨之外什麼也做不了。但如果從來不願處理這些過錯，我們會破壞人際關係，並且錯過讓自己變得更好、更友善、更體貼的機會。自我提升可以為心靈帶來滿足，這就是為什麼我們喜歡閱聽那些自私的主角慢慢變得更有同情心、學習理解他人並贏得寬恕的故事。

每次看到應該道歉的人明明有機會道歉卻拒絕時，真的是很令人抓狂。以檢察官史塔（Ken Starr）為例，他在美國前總統柯林頓的彈劾案審判期間，毀掉了與柯林頓傳出醜聞的白宮實習生——陸文斯基的人生。十年後陸文斯基在一家餐廳偶遇史塔，她向《浮華世界》雜誌投書這段經歷：

> 史塔問了好幾次我是否「還好」，外人可能會據此推測他多年來其實一直在擔心我的生活。然而，他的舉止本身卻介於慈祥和詭異之間，過程中一直碰觸我的手臂和手肘，這令我很不舒服。
>
> 我對他的言行感到困惑，同時看到他和家人一起出現在餐廳也感覺很不真實。還好我的身體命令我「振作起來」，我才終於回過神，結結巴巴地說：「雖然我希望

當年自己能做出不同的選擇，我也希望你和你的部屬做出不同的選擇。」我後來意識到，這番言論是希望他能道歉才說的，但他沒有那樣做，只是帶著同樣高深莫測的微笑說道：「我知道。真是不幸。」

「真是不幸」？說出這種話真是個大混蛋！現場沒有人在錄音錄影，史塔不需要擔心形象問題，他本來可以試著像個正常人對陸文斯基道歉，說不定還能給出一個分數中上的道歉，比如：「我知道當年那些聽證會讓你很痛苦，我很抱歉讓你經歷那些過程。」即使史塔認定這是追求正義時的必要之惡，或者對她跟總統外遇一事感到不齒，他還是可以道歉的——就算使用「我們」或「我的團隊」等措辭來避免承擔個人責任——這樣多少有助於讓陸文斯基覺得自己被當成「人」來看，很可惜的是他並沒有。

不難理解史塔和我們大多數人一樣，自認應該扮演自己故事中的英雄，而不是陸文斯基故事中的壞人。或許他曾經對自己加諸一名年輕女子身上的事情感到難受（她因為史塔的緣故成為舉國上下連續好幾個月的八卦焦點），但看起來他壓抑了這些感覺，又或者在腦海中重新編寫整個故事，以符合他的想法，認為自己只是在做分內的工作，一心一意追求正義。

如果他曾感到一絲愧疚，可能就會像多數人一樣，花費數年時間整理這些令人不安的記憶，撫平其中粗糙又不堪的灰色地帶，將記憶變成完全符合他所想要的結果。小說《流年似水》中便寫道：「一個人回憶起的記憶越多，他們改變的就越多，一旦你張開嘴，就遠離了事情的真相。根據神經科學研究顯示，最安全的記憶被鎖在那些不記得的人的大腦裡，他們的記憶是最接近事件真相的複製品。」

奇怪的科學

《流年似水》提到的說法是正確的，心理學家告訴我們，如果一個人的行為態度與他所認為的自己互相衝突，他就必須採取行動消除這種不一致，或是從生活／大腦／經歷等面向中，重新創造出和諧感。我們渴望認知的一致性，如果突然出現感覺、證據、行動等，與我們對自己和世界的美好想像相互矛盾，我們會盡一切可能來質疑它們。

與之相伴的則是「確認偏誤」，也就是努力從各種新事物找到足以證明自己的觀點的證據。有個迷因笑話充分詮釋了何謂確認偏誤，圖中的證人席上坐著一名老太婆，她說：「我說什麼並不重要，你已經認定我有罪了。」陪審團中一名男子驚恐地說：「她會讀心術！果然是女巫！」

認為自身的信念和行為受到批判，可能會導致我們做出水準低劣的道歉。再加上透過社群媒體建立起厚厚的同溫層，更讓人容易相信自己站在正確的一方。如果你認同我和我的世界觀，那麼顯然你是值得信賴的聰明人；如果你不認同，我很同情你是個目光短淺的蠢蛋。幾乎所有人都相信自己比其他人更有吸引力、更聰明、更友善，這也被稱為「優越幻象」（illusory superiority），更白話的說法則是「自我感覺良好」。

大家都在裝傻

研究學者透過核磁共振，證實了人會無意識地維護自己的世界觀。二〇〇四年美國總統大選前，臨床心理學家韋斯騰（Drew Westen）對三十名自認是共和黨死忠支持者的男性和三十名自認是民主黨支持者的男性進行了核磁共振斷層掃描，看看這些人讀到兩黨候選人發表的聲明，腦部會有什麼活動。兩位候選人的聲明中都有明顯的矛盾之處，而支持者都會想方設法合理化自家候選人的聲明，並且特別放大對手候選人的言語漏洞。簡單來說，他們都是以感覺為重，而不是依據邏輯判斷。

韋斯騰指出：「我們發現大腦平常在邏輯推理過程中會變得活躍的部位，此時並沒有任何增加。反之，我們看到的是與情緒相關的迴路受到刺激，其中包括推論上負責調節情緒的迴路，以及負責解決衝突的迴路。」

當受試者得出各自的結論並忽略那些在理智上沒有意義的訊息後，大腦中的報償迴路就會亮起來──就像老鼠因為推動操縱桿而得到食物一樣。韋斯騰認為：「從本質上來講，這些支持者有如在轉動認知的萬花筒，直到得到自己想要的結論為止。他們會因此再度強化這些論點，並消除負面情緒狀態，以及活化正向情緒狀態。」

由兩位心理學家寫成的《錯不在我》一書中提到：「自我辯護不僅能夠最大限度地淡化我們的錯誤和糟糕的決定，這也是為什麼除了偽君子本身之外，其他人都可以清楚看到偽君子虛假的一言一行。它使我們能夠區分自己和他人的道德過失，並模糊我們的行為和道德信念之間的差異。」

道歉也是類似的概念：除了道歉者本身之外，其他人都可以看到道歉的糟糕之處。（更甚者，那些完全不道歉的人可能是真心覺得自己不需要這麼做，且還反過來認為是別人欠自己一個道歉。）

《錯不在我》一書也指出，自我辯護並不完全是壞事，如果沒有它，「我們幾乎在做出每一個決定之後都會覺得很痛苦，不停懷疑自己是否做了正確的事，跟正確的人結婚，買了正確的房子，進入了正確的行業？」只不過，當我們對於「自我辯護可能有害」毫無病識感時，就會出現問題：「無謂的自我辯護就像流沙一樣，讓我們陷入更深的災難。它甚至阻礙我們發現錯誤的能力，更不用說想要加以糾正了。」

除此之外，該書還指出，「大腦天生的設計就存在著視覺和心理的盲點，然而它最狡詐的伎倆之一就是讓我們產生自己沒有任何盲點的安慰性錯覺。」認知失調就是屬於這樣的盲點。「駕駛員無法避免視野中存在的盲點，但優秀的駕駛員能夠意識到這些盲點。他們知道如果不想撞上消防栓和其他汽車，倒車和變換車道時最好小心。」告訴自己別人都有盲點，但我們自身沒有，只會導致僵化、頑固和自以為是。

我們在「道歉觀察家」傳達過一個概念，每當我們緊抓著盲點不放，就會導致惡意、無可挽回的言行，而當我們拒絕給別人機會去了解和解決他們的盲點時，我們將永遠無法原諒任何人。「道歉觀察家」認為任何人都應該要能贏得寬恕。誠然，並不是所有人都值得獲得原諒，也不是每個人都有義務原諒加害者，但我們認為「一擊定生死」是不公平的。（這裡附個簡短的補充：若有人告訴你你對種族、性別或宗教有盲點時，不要要求該種族、性別或宗教的人向你解釋，請好好問過你自己生活周遭的人。）

不過，盲點也是我們能夠立即注意到別人失敗道歉的重要原因之一——「那個傢伙怎麼敢說『對不起，如果……』這種話！」「那個不要臉的道歉裡用了一堆『但是』！」只能說這真是太諷刺了。

證明我的愛是正當的

心理學家鮑梅斯特（Roy F. Baumeister）、史迪威（Arlene Stillwell）和沃特曼（Sara R. Wotman）曾在《個性與社會心理學雜誌》上發表了一項開創性研究，題目為〈人際衝突的受害者和施害者的論述：關於憤怒的自傳體論述〉，研究中揭露我們的大腦如何努力地為自己的行為辯護，並把矛頭指向他人。鮑梅斯特要求六十三名受試者分享過去兩件真實的故事，他們分別在其中扮演受害者和加害者。受試者在講述自己是受害者的故事時，會仔細描述可怕的背叛、危害和傷害，強調這些事件對自己產生了多長遠的影響。他們分享的事件通常是所謂的「最後一根稻草」，也就是終於受夠了加害者種種有毒行為的那一刻，值得注意的是，這些故事幾乎從未提及加害者是否曾經道歉或試圖道歉。

不過，受試者講述身為加害者的故事時，會將自己所做的一切都視為單一、獨立的事件，沒有任何持久的影響。鮑梅斯特和同僚做出總結：「同一個人對事情的看法不同，取決於他們是以加害者或受害者的角度參與其中。我們的研究結果顯示，加害者和受害者在建構事件的方式截然不同，他們似乎並沒有意識到這些差異……也許如果大家能夠更加意識到解讀上的差異，就不會那麼容易生氣。」

鮑梅斯特等人指出，這項研究結果對於探究歷史衝突具有重要意涵。例如，美國北方各州的學子傾向於將美國南北內戰視為很久以前的歷史事件，終結了邪惡的南方奴隸制度，而南方的學子則傾向於把南北內戰的侵略視為對南方文化和生活方式的攻擊，造成深遠長久的影響。這些故事論述讓北方白人心生優越感，也可能把任何揮之不去的種族歧視都推給南方白人，而南方白人版本的故事則幫助他們保持內心「強烈的不滿感」。

同理，西方國家經常將十字軍東征的歷史視為嘗試奪回聖地的宗教戰爭，穆斯林的歷史觀點則強調十字軍燒毀村莊、屠殺婦孺等侵犯事件。「即使雙方最終都同意該事件是一大錯誤，但加害者會傾向在受害者準備好之前，就讓事情迅速結案並盡快遺忘。事實上，受害者為了保存歷史記憶所做的努力可能會被加害者視為不必要的報復。」換句話說，受害者常將特定的犯罪行為視為一系列罪行的高潮；加害者常將犯罪行為視為單一事件，並認為受害者過度反應。

鮑梅斯特的研究解釋了為什麼我們建議在道歉時，要非常非常小心地為自己的行為提供解釋。加害者往往認為自己犯錯是有充分理由的，例如：「我說謊只是為了保護他不被真相打擊。」「我拿走手鐲是因為那本來就是我的，我之前已經要求過了，她就是不肯歸還。」「無論我做什麼，都是有我的原因的。不幸的是，受害者就只會亂發脾氣，完全不講道理。」他們若在同樣的故事中變成受害者，說法又會不同：他們之所以情緒失控都是加害者逼的，自己也沒有不講道理，因為加害者什麼道理也沒講。

此外，如果加害者承認有不當行為，往往會盡量把自己的錯誤輕描淡寫。他們會先說自己沒有這麼做……但如果的確有做，這也是有原因的。如果沒有合情合理的原因，那麼就是他們一時克制不住。如果他們明明可以控制自己，卻還是做了不當的行為，那麼這就是單一事件！事件在大家的努力下有了正面結果和完美的解決方案，所以可以放下、往前邁進了，一切都會被原諒！在陽光普照的一生當中，這只是一個微不足道的、轉瞬即逝的黑暗時刻，大家說對吧！

然而，在鮑梅斯特的六十三個受害者故事中，沒有任何受害者認為加害者的行為是「別無選擇」。請記住，在這項研究中每個人都曾扮演受害者和加害者的角色，之所以用完全不同的方式看待事件，取決於他們講述事件經過時是處於哪個身分。

世界就是如此

大腦試圖讓我們抗拒道歉（或給出不得體的道歉）的另一個強大方法是名為「公正世界謬誤」的認知偏誤。

「公正世界謬誤」與「我是好人」的想法殊途同歸。「公正世界謬誤」的邏輯是這樣的：這是個公平公正的世界，好人有好報，惡人會受到懲罰；種瓜得瓜，種豆得豆。正義和公平是大多數宗教和政府單位的承諾，這也就是為什麼在民主國家，我們願意遵守法律和司法制度。

然而一旦出現明顯有失公平的事件時，可能會動搖我們對事物是如何運作的認知。因此遇到警察行使暴力、政治腐敗的證據，或者面臨貧困、毒癮、教育不平等、精神疾病等情況，我們會有意或無意地指責受害者。因為這個世界是公正的，所以如果他們會有這些不公義的經歷，一定是他們做了什麼造成這種情況，都是他們自找的。

人類其實生來就追求公平。即使是動物也會因受到不公平的待遇而感到憤怒難平。曾有科學家以卷尾猴做研究，只要牠們有順利執行任務就能獲得小黃瓜塊作為獎勵，如果看到其他卷尾猴明明執行跟自己相同的任務，卻能獲得更好的獎勵（例如葡萄），牠們會感到不快。葡萄比小黃瓜塊好吃多了！憤怒的卷尾猴會開始罷工，不停尖叫，彷彿在抗議寧願什麼都沒有也不願受到這樣的差別待遇。

我們人類面對類似的狀況也會感到生氣，然而每次都要這樣為了爭取公平而戰，實在讓人筋疲力盡。再者，如果你是那隻得到葡萄的猴子，就更沒有動力去尋求真正的公平。「公正世界謬誤」的概念基本上源自滑鐵盧大學勒納教授（Melvin J. Lerner）的研究。勒納曾針對醫療照護者對待精神病患者的方式進行觀察，發現即使是最慷慨善良的專業人士多少也會認為患者需要為自己的處境負責。他也觀察到自己的學生會輕視窮人，對於導致貧困的社會結構和體系缺陷並沒有興趣了解。

勒納設計了一個實驗來檢驗人類這種檢討受害者的傾向。他安排七十二名女性受試者觀察另一名女性遭受一系列電擊。起初，這些受試者對自己所看到的情況感到不安，但隨著實驗的進行，她們開始輕視這名被電擊者——她越是受苦，她們對她的評價就越低。然而，得知被電擊者會因此獲得補償時，她們的評價反而有所提升（啊，所以她並不是真的軟弱和可憐，她是拿錢辦事，我們現在比較喜歡她了）。

在另一項研究中，勒納向男性受試者展示了兩份相同的人物側寫，唯一的差異是告訴受試者其中一人中了樂透，而絕大多數的受試者都因此認為中獎者比非中獎者在工作上更努力。這完全沒有邏輯可言，但顯示大眾確實願意相信「善有善報，惡有惡報」。

「堅信世界是公正的」往往與威權主義和特權有關，擁有權力的人以及相信必須用鐵腕手段維持秩序的人整體來說更有可能相信世界是公平的，但我們每個人多少都經歷過「公正世界謬誤」。根據近期的研究顯示，旁觀者往往認為家庭暴力、疾病、強暴，甚至是隨機的交通事故「都是受害者自找的」。她為什麼不離開他？他生病是因為抽菸吧？事發當時她穿了什麼？他過馬路時為什麼沒有更仔細注意來車？透過這樣的思考過程我們得以安慰自己，確信這些壞事都不會發生在我們身上。

你或許很疑惑前面這些跟道歉有什麼關係？是這樣的，假設你認為對方應該為自己的痛苦和不幸負責，你就不太可能想要道歉。就算你被迫向他們道歉，也極有可能道歉得非常糟糕，因為你認為（無論有意無意），不管你對他們做了什麼，他們都是罪有應得。

正因為如此，我們作者兩人認為如果你絲毫不感抱歉的話，就不要道歉，否則只會把事情搞砸。但是，如果有人告訴你你傷害了他們，請好好傾聽他們的想法，這對你們雙方都好。你也該思考自身的偏見是否妨礙你意識到自己存在盲點（甚至不止一個）。

你為什麼臭著一張臉

現在讓我們從社會學的角度來談道歉這回事：不道歉者和糟糕道歉者有時不僅沒有意識到自己的「公正世界謬誤」，也很可能沒意識到自己極力想保住面子的內在需求。

二十世紀中葉的社會學家厄文・高夫曼探討了「面子」一詞，指的是人所想要展現的自我形象。我們的面子不斷受到外部力量的威脅，永遠擔心自己在別人眼中的形象。面子也是不斷變動的，依據自身所在的群體和參與的社交互動，決定我們要戴上什麼面具以偽裝自己。丟臉對我們來說是一種傷害和羞辱，一般來說，禮貌是為了讓每個人在人際交往中保持面子，為了保持面子，我們會受到自豪感（有助於我們認為自己配得上想要的東西）、尊嚴（使我們覺得有能力應對社交場合）和榮譽（對我們所處的世界有責任）的驅使。

道歉本質上是對面子的威脅，道歉時必須放下我們的自豪感，將個人尊嚴置於道歉對象的需求之後，並保持榮譽——即使我們討厭以不有趣的方式履行我們對他人的義務。我們之所以道歉得很糟糕，就是在做困獸之鬥，試圖保護我們的面子。（這可是天大的誤解，因為道歉得當其實是值得自豪的事情。）

暢銷作家布芮尼．布朗則在她突破五千兩百萬次觀看數的ＴＥＤ演講中，談到了脆弱的重要性。她談到養兒育女是多麼可怕的一件事，但身為父母，我們的任務不是試圖培養出完美的孩子，「我們的職責在於觀察並告訴孩子：『你知道嗎？你是不完美的，你注定要有所掙扎，但你值得愛和歸屬感。』這就是我們為人父母所要傳遞的職責。」

的確，若我們更關心孩子是否「表現出色」，好讓我們獲得可以向人吹噓的成就，而不是關心孩子的品格，我們就不是在幫助他們。因為我們的反應無形中在教育他們，只需要關心自己的需求和滿足小我就好，不必去管要怎麼讓世界變得更美好。我們應該關注他們和我們自身的行為如何影響他人，並專注於幫助他們打造大家理想中的美好世界。

當我們願意展示自身的脆弱，為錯誤行為道歉時，就可以停止災難性的事件，並為自己還活著而感激。「道歉觀察家」認為，在一個更友善的世界中，我們會感謝有機會承認自己搞砸了，並從錯誤中記取教訓。而想要做到這一點，大家若願意試著不急於把他人定罪、貼標籤，會是不錯的開始。

擁有穩固的自尊、誠實地評估自己的優勢和劣勢的能力，以及知道自己有能力做得更好的信心，遠比不堪一擊的自尊來得健康許多。過度依賴他人的認可，只重視表面工夫而不是實際的作為，在在都讓自尊心脆弱的人很難道歉，因為他們難以處於這種低下的位置。他們只注重面子，而不是承認和面對面具下的真相。

這不是我的錯

知名主持人艾倫・狄珍妮的長青脫口秀節目，於二〇二〇年接連被爆料工作環境實屬惡劣——種族歧視、職場霸凌和王牌製片人是前科累累的性騷擾慣犯等。過往螢幕形象良好的狄珍妮本人，也被各方人士（名人和非名人皆有）踢爆是個超級雙面人。狄珍妮道歉了，但她的道歉很糟糕，而且兩次都是。狄珍妮在給節目員工的一份內部備忘錄中表示，該節目應該是「一個快樂的地方，沒有人會提高嗓門，每個人都會受到尊重」。短短的一句話就亮紅燈了。雖然每個人都期望受到尊重是事實，但沒有哪個地方是人人都輕聲細語講話的，這一點在職場中更是不現實，狄珍妮將不可能的事情視為必要，就已經指出問題所在。

在備忘錄中狄珍妮繼續表示：「顯然，情況發生了變化，我很失望地發現情形並非如此。為此，我很抱歉。任何認識我的人都知道這與我的信念和我對我們節目的期望背道而馳。」

天哪，這是一張糟糕的道歉賓果卡嗎？我們可以看出狄珍妮把重點放在「意圖」而非自己造成的「影響」。她說「有些事情發生了變化」，這說法未免也太過模糊。這跟《星際大戰九部曲》中的驚人台詞簡直沒有兩樣：「不知為何，白卜庭回來了。」在《星際大戰六部曲》就死去的前皇帝是怎麼回來的，這部電影完全沒有任何解釋或暗示，瑪喬麗對此仍覺得不能接受。

繼續回到正題，道歉中的「失望」一詞是在描述狄珍妮自己的感受，而不是那些受到傷害的員工的感受，但後者才是此時最重要的事。接下來出現的「情形並非如此」不只軟弱無力，也沒有承擔起應負的責任，甚至像在暗示她的員工讓她失望了。她根本沒有提及自己在這些可怕事件中所扮演的角色，也沒有提及關於描述她不當行為的指控。我們也建議越少提到「任何認識我的人」越好，因為我們一般大眾都不認識你，只知道自己在新聞中看到的部分。

狄珍妮還表示，隨著脫口秀節目日益成功，她「無法掌握所有事情，必須依賴他人」，所以意思是都是別人的錯嘍！至於那些表示受到她不當對待的人……噓，不要提。

同年九月狄珍妮在節目中公開道歉：「正如各位觀眾今年夏天可能聽過的那

樣，有人指控我們節目的工作環境不友善。」這絕對不是個好的道歉開頭，「有人指控」並不具體，沒有說出是誰做了什麼，也沒有提到與她行為有關的情節。「指控」也是個狡猾的用詞，把大家的注意力集中於「指控」（亦暗示可能是不實指控）而非「事實」為何。

「我了解到這裡發生了一些不應該發生的事情。」聽起來她好像很震驚，彷彿是自己節目中的一個旁觀者，而不是主導者。「我對受影響的人感到非常抱歉」這句話再次對於釐清事情沒有幫助，而且對數十名前工作人員來說，「受影響」更是避重就輕至極，因為其中有些人曾遭到製作人嚴重的性騷擾和猥褻，例如撫摸下體或提議要在公司廁所口交等。

狄珍妮繼續說：「成為大眾眼中的『善待』（be kind）[1]女士是個很棘手的身分位置，所以我要給大家一些建議，如果你想改變自己的頭銜或給自己取一個暱稱，請不要選擇善待女士。」哈哈，真是好幽默喔……艾倫啊，以「善待」為招牌就意味著你必須言行一致，否則別怪你會犯眾怒。

1 狄珍妮過往以「善待他人」為招牌形象。

狄珍妮又說，「媒體和社群媒體上的文章」聲稱她私底下並不是電視上表現的那樣。「事實是我只是個普通人，當然還有很多其他的狀況。有時我會傷心、生氣、焦慮、不耐煩，我努力做好所有的自己，我還在進步中。」可是艾倫，焦慮和傷心跟大家在意的事情無關，殘酷才是，但你都沒有提到。我們同意大家都有很多其他狀況、都在進步中，但沒有人是生來就該忍受會被上司亂摸下體的工作環境，這點你也沒有討論。「如果我曾經讓某人失望過，如果我曾經傷害過他們的心，我對此感到非常抱歉。」講什麼如果、如果、如果的！而且不要再為別人受傷的心道歉啦，到底為什麼不願意為自己的手下愛將性騷擾員工一事道歉呢？

《艾倫秀》第十八季的第一集就是以狄珍妮的道歉為開頭，當天的收視率很高，是她過去四年來最高的一次，但在收看她的道歉片段後，觀眾紛紛棄看該節目。在接下來的六個月裡，節目流失了百分之四十三的觀眾，最終於二〇二二年五月停播。

我們認為那場失敗的道歉是觀眾流失的一個重要原因。狄珍妮能否突破八十三個職場騷擾事件的影響，東山再起？很難說。製作公司解僱了三名製作人，但這樣的懲處顯然還不夠。如果狄珍妮當初選擇以這灘爛泥中的共犯身分來道歉，而不是什麼事情都不知道的小白兔角色，事情發展會不會有所不同？如果她願意細談自己因為情緒控制問題，故意拒絕承認自己的盲點、不尋求幫助、把別人當出氣筒等荒唐行徑，又會有什麼樣的結果？她也可以說明節目團隊要採用哪些新方法來改善工作環境，讓員工遇到問題能夠向上級報告而不必擔心遭到報復或解僱？像這樣的獨白或許可以幫助她變得更真實，並且讓觀眾感到滿意。但她的道歉卻是那麼令人難以置信，推卸了所有真正的責任，看著她長年打著「善待他人」的招牌，如此巨大的矛盾著實令觀眾難以接受。

好的道歉需要我們展露脆弱的一面，而不是只會說「我是一個脆弱的人」。你必須承認自己的所作所為，並勇於說出你到底做了什麼好事。文過飾非不是正確的做法。如果你過去在脫口秀節目大力推銷你的魅力、真實、善良和鄰家氣質，但我們從道歉中看到真正的你並不如你所宣稱的那樣，那麼大家為何還要為你的節目買單呢？

我們不妨來比較一下狄珍妮的道歉和約翰．甘迺迪總統對豬玀灣慘敗的道歉聲明。他有責怪周圍的人做了他不知道的事情，還是虛張聲勢地說什麼事都沒發生？或者說他有堅持認為一九六一年下令入侵古巴是正確的做法？都沒有，入侵失敗剛過一周，甘迺迪總統就發表演說：「美國政府打算坦誠地承認自己的錯誤，正如一位智者曾經說過的：『錯誤不會成為錯誤，除非你拒絕糾正它。』我們願意對我們的錯誤承擔全部責任，希望各位在我們做出錯誤決策時加以指正。如果沒有任何爭論和批判，任何行政機關和國家都無法成功，任何共和國也無法生存。」艾倫，請你好好學學吧！

我要道歉一萬億遍

你可能忽然遇到某個古早以前的舊識冒出來，傳送私訊、簡訊或電子郵件給你，為多年前他們犯下的錯誤道歉。有時候這樣的道歉是真誠、具體、深思熟慮和令人歡迎的，有時候只是形式上的、欠缺考慮，是對方在大病初癒之後，突然爆發一股道歉的熱情。大多數像槓鈴掉落一樣發出巨大響聲進入你生活的道歉都不是好的道歉，因為道歉者沒有真正努力地想解決自己做過的事情或是考慮你當時或現在對此事的感受。他們道歉是因為這是自我修復過程的一部分，出發點是為了他們自己而不是你。他們只是「按表操課」，就像在健身房做重訓菜單的人一樣。

「道歉觀察家」非常鼓勵大家適當進行道歉的第四步驟，亦即僅在需要時解釋，不要找藉口。但我們也鼓勵各位認真思考一下，對方是否真的會想要收到你的道歉，以及對方偏好收到哪種形式的道歉。如果你判斷他們確實需要收到道歉，請再仔細思考該如何以不具威脅性和侵入性的方式進行。思考過程中，請務必記得把處理他們的需要放在第一優先。你欠這個人一個道歉的前因後果究竟為何？你真的準備好面對當年犯下的錯誤嗎？在跟對方聯繫之前，你最好先分析一下這個問題，不要只是怪罪到你的童年創傷或成癮問題上。最好也要想一想彌補的方式，並且不要「請求」原諒，對方可沒欠你什麼，你必須靠自己贏得原諒。

近年有個討厭的風氣是透過告訴對方你有多糟糕來道歉，讓我們提供三個真實案例供你參考。有個化名「夏洛特」的作家被發現抄襲另一名作家「艾蜜莉」（同樣為化名），夏洛特寄了一封電子郵件說：「我很抱歉！你可以打爛我這張欠打的臉！」第二個案例是一名受邀參加聚會的客人喝多了，不慎吐在主人的地毯上，客人留了張便箋：「我邀請你來我家，你可以隨意吐在任何一件家具上！」第三個案例是公寓住戶忘記帶鑰匙，所以在凌晨兩點按電鈴吵醒鄰居幫忙開門，她進入大門時哭喊著：「我真是個爛人，我真該被火燒死！」

這種「自殘」言論會讓人聯想到暴力行為，是有意無意讓受害者感到內疚的一種方式，讓對方不得不說：「不要這樣說，你不是那麼糟糕的人！」此外，這也是透過開玩笑的方式，降低不當言行的嚴重性。

道歉時我們應該牢記布芮尼・布朗的建議。她建議我們應檢視自己的行為，而不是聚焦於自我。她在TED演講中說道：「羞恥是著重在自我，罪惡感是著重在行為。羞恥是『我是個爛人』，罪惡感是『我做了爛事』。」

也就是說，道歉的重點若是自己做了什麼（凌晨兩點按電鈴吵醒鄰居），而不是自己是什麼樣的人（該被火燒死的討厭鬼），這樣的道歉往往是比較好的。前者聚焦在對方的痛苦，後者聚焦在我們自身的痛苦。我們的道歉如果只是自我憎恨的誇張哀號，就會把我們聲稱要道歉的對象陷於不義，讓他們不得不說出「你沒那麼壞」，尤其是他們還沒有準備好要放下的時候。

知名變裝藝人魯保羅經常說：「如果你不能愛自己，又該如何去愛別人呢？」這個概念也適用於道歉，我們必須夠愛自己才能面對自己的錯誤和缺陷，了解它們並不等同於我們這個人的全部。知道自己值得被愛，我們就能嚴厲地審視自己的行為，並願意放下不必要的自尊，好好道歉。

冷酷無情的奸詐之徒

自戀型人格者的道歉很少能令人滿意。以人稱「山姆之子」的連續殺人犯大衛．伯考維茲為例，他曾在一九九三年為自己在十六年前的一連串犯行道歉：「我確實奪走了一些人的生命，對此我感到非常抱歉。」他說自己當年只是想「給城市帶來混亂，讓紐約市屈服」等等。

知名演員凱文·史貝西幾年前在推特上的道歉聲明也有異曲同工之妙。當時另一名演員安東尼·瑞普出面指控自己在十四歲時差點遭到史貝西性侵。

作為一名演員，我非常尊重安東尼·瑞普，聽到他的故事我感到非常震驚。說實話，我不記得那次會面了，那已經是三十多年前的事了。但如果我當時的行為確實像他所描述的那樣，我要向他表達最誠摯的歉意，因為我酒醉之後的行為是極其不恰當的，我也對他所描述的一直積壓在他心裡的感受抱歉。

這個故事鼓勵我去解決我生活中的其他事情，我知道外面流傳一些關於我的故事，其中一些故事是因我過於保護自己的隱私而引發的。正如我最親近的人所知，在我的一生中，我與男人和女人都有過關係。我一直都喜歡男性並與他們有過浪漫的關係，現在我也選擇作為一名同性戀者生活下去。我想誠實、公開地看待這個問題，第一步就是要好好審視自己的行為。

讓「道歉觀察家」來為你翻譯一下這段道歉的弦外之音：

我尊重這個成年男子——他叫什麼名字來著——是因為身為一名藝術家我很寬容大度。現在我要說我不知道這位安迪在說什麼，但如果真的發生了，那就是因為我喝醉了。我為他的情緒狀態道歉，而非為我自己的行為道歉，正如我提到的，我不記得了。我不知道「他所描述的感受」這句話似乎是為了讓我與安德烈的悲傷心理保持距離。我當然不是在暗示這個安什麼來著的人無法從三十年前發生的事情中走出來，因為這就代表當年有事發生嘛。喔對，我還趁這個大好機會出櫃，我現在把性侵指控和我的隱私不受尊重的想法混為一談。這個人怎麼可以這樣強迫我出櫃？真是太不像話了，但我會持續保持寬容的態度。大眾可能會指責我害同性戀者被貼上兒童性侵犯的標籤，這真的很可怕，但他們要這樣想我也沒辦法。

你不一定要是名人才會變成自戀的糟糕道歉混蛋，二〇一〇年的一項研究發現，美國大學生的同理心比七〇年代至九〇年代的學生低了百分之四十，自戀和自我關注的現象似乎正在提升。研究人員表示，往後需要更進一步的研究來解釋為什麼會出現這種情況，但這種變化可能是由於我們密集接收垃圾資訊、暴力電玩等因素造成的，對我們的同理能力產生負面影響，以及社群媒體的興起擾亂了我們的溝通方式。我們作者兩人覺得把同理心的減損歸咎於社群時代有點便宜行事，但我們也確實注意到無論原因為何，時下某些年輕人有一種自以為是的特權感，造成他們無法好好道歉。

美國啊，美國

道歉容易失敗的另一個原因是，生活在一種堅持向前看的文化中。這種文化不鼓勵大家停下來反思過去的錯誤，因此我們在這方面可說是相對健忘的。這一點也反映在美國生活中有很多讓人重新來過的機會，對於特定階級和膚色的族群來說，更是如此。

其他國家對於道歉的態度就比較大方了，心理學權威亞倫・拉扎爾博士在《道歉的力量》一書中寫道：「日文的道歉比英文的道歉更常使用自我貶低和臣服的表達方式，常見的有代表『謙卑地』、『謙虛地』、『不吝惜地』、『卑屈地』和『無條件地』等意思的修飾語。」拉扎爾寫道，美國的道歉似乎更看重真誠，而日本的道歉似乎更力求謙遜。日本的道歉文對於「解釋」一事更加謹慎，因為日本文化認為這樣的行為並不夠謙遜，反而更像是找藉口。我們美國人常喜歡嘲笑日本、加拿大和英國人道歉太多，但反過來也可以說是美國人道歉得不夠。

社群媒體造成的間離效果（distancing effects）也不利於道歉文化。缺乏共享的現實生活空間更容易使人失去人性，在網路上，我們可以瞬間造成傷害，而我們的真實情緒也更難解讀——笑話變得平淡無奇，誤會加深。假設朋友在吃飯時說了一些看似傷人的話，我們可以馬上追問：「等等，你這是什麼意思？」人在面對面交談時，可以讀到彼此的肢體語言，聽到彼此的語氣，如果在談話過程中感到受傷，我們比較能當場處理。如今，大家很少花時間過著頻繁人際往來，以及跟左鄰右舍緊密合作的生活。活在疫情後、遭受創傷後壓力症候群的我們，可能更不習慣進行適當的溝通……甚至也難以對人產生同理心。

行動項目

- ☐ **你需要道歉嗎？**請將對方的感受置於自己的感受之上，如果你做不到這一點，請不要道歉。
- ☐ **收到讓你很不滿意的道歉？**請告訴對方你不高興的原因（如果你還想保持與對方的關係，請盡可能有耐心地說明），可以運用這本書來解釋為什麼對方道歉中的特定文字和情感令你頗有微詞。
- ☐ **有人說你的道歉很糟糕嗎？**莫莉．豪斯（Molly Howes）博士也是研究道歉的專家，她建議在有人生你的氣時可以使用以下腳本：「我很清楚發生了什麼事，但我認為自己還可以多了解我做的事情對你造成的影響」、「我真的想了解發生了什麼事」或「我會盡力傾聽」。

☐ **收到你認為很差勁的道歉時，問問自己：是否有我不知道的合理原因？**比方說，道歉者是自閉症患者嗎？（作者兩人之一就育有罹患自閉症的孩子，所以很了解這樣的孩子可能很願意道歉，但沒有適當的社交技巧完成任務。）我們是否能夠以成熟、真誠，並願意展現脆弱的方式一起討論雙方的感受？

十三個不屬於道歉的詞

明顯地
遺憾的是
已經
對話
據稱
正向積極

老天／上帝／神明
旅程
自我發現
如果
可是
脈絡
不幸的是

糟糕的道歉賓果卡 #2

抱歉讓你感覺不舒服	如果我冒犯到你	在那不同時間點下	相信最壞的情況	無法確定
我感覺很糟	這都是謠言	不記得了	我只是個普通人	現在我意識到
相信這是雙方同意的	觀點問題	**自由填空**	我知道我的心	人必經的成長
我很後悔	某個時刻	被斷章取義	掙扎著要	恰當地
為了……好	任何認識我的人	我的信念	真實的我	我扮演的角色

CHAPTER

05

對不起，我用鼻屎彈你：教導孩子道歉

部分讀者可能有小孩，先恭喜各位！小孩子的道歉通常很感人而且有趣，「道歉觀察家」很喜歡他們寫的道歉信，比如來自萊利小朋友的道歉：

親愛的席亞拉，對不起，我用手指上的鼻屎彈你，我把它放在這裡，這樣你就可以把它彈回來給我。愛你的萊利。

這是一個很棒的道歉。萊利使用「對不起」這個詞，直接向席亞拉而不是向不相干的社會大眾道歉，同時提供她回敬的機會來加以彌補。請特別注意萊利不是用拐彎抹角的說法來道歉，例如什麼「親愛的強森女士，如果我打擾到上課，我會感到很抱歉。愛你的萊利」。沒有「如果」，萊利知道彈別人鼻屎是錯誤的行為，但他沒有假裝自己沒有做過。

另一個很棒的道歉是來自傑克小朋友：

這張冰淇淋優惠卡要送給本月二十八號星期五，清理廁所旁邊小孩子嘔吐物的人。我不知道這個人的名字，但我非常謝謝他，我再次為自己吐出來說對不起。希望您會喜歡這家的冰淇淋。

傑克（那個吐在廁所旁邊的小孩）

傑克很準確地寫出他要道歉的事情，他為自己吐在不合適的地方感到抱歉，而不是含糊不清地寫「發生的噁心事情」或「令人遺憾的情況」。他也表示理解自己造成的影響（有人需要清理他的嘔吐物），而且他也試著要彌補過錯。我們覺得最可愛的一點是，傑克想要為他顯然無能為力的事情贖罪，因為根據他吐的位置可以推測他原本打算趕到廁所處理，只可惜沒有成功忍住。

假如是傑克的爸媽掏腰包買了這張冰淇淋優惠卡，或是他們告訴傑克要寫這封道歉信，會減損這個道歉的誠意嗎？其實不會，這封信是傑克親筆所寫，用字遣詞顯然是傑克自己的話，不如讓我們為傑克爸媽完美處理好這件事掌聲鼓勵一下。家長應該都知道養育小孩會遇到各種髒兮兮的情況，而且是隨時隨地都可能發生。清理嘔吐物從來都不是一件有趣的事，尤其嘔吐的人不是自己的小孩，那麼向當事人附上一張禮物卡是很好的舉動，道歉也是必不可少的。

壞榜樣之地

想教養出萊利或傑克這樣的小孩，你該如何幫忙創造出重視良好道歉的環境呢？我們首先要探討的是，很多父母沒有給孩子灌輸適當的道歉教育。很遺憾，正如本書反覆提到的，失敗的道歉比成功的道歉更常見，小孩子當然就跟著大人有樣學樣了。我們要先了解教導孩子道歉時要避免的事情，之後才是教養時應該要做的事情。

大多數家長的教育失誤，在於都是以負面的方式指出。雖然爸媽不會說「為你做錯的事情道歉，然後我會再罵你一頓」，但這種情況實際上經常發生，無形中教會孩子害怕或討厭道歉，因為道歉感覺會害自己被罵，當然是能躲就躲。所以家長不妨建立一個新的基礎，教導孩子承擔責任時的第一反應不是急著發表教訓，也許會更有幫助。

這一點其實跟養狗新手常犯的錯誤一樣。一開始在呼喚狗的時候，狗通常不會立刻聽命過來，可能忙著到處聞聞嗅嗅，得讓主人叫個老半天才行。面對姍姍來遲的狗，主人一把抓住牠的項圈說：「壞狗狗！不聽話！」這反而教會了狗狗聽到呼喚不要過來，因為自己最後只會被兩條腿的大型生物抓著大吼大叫，真是太可怕了。

請爸媽不要在孩子道歉之後教訓人，而是應該要說「謝謝」、「我接受你的道歉」或「這讓我感覺有比較好」，以上三句也可以都說出來。如果你需要說明他們打破的東西為什麼對你來說意義重大，或者為什麼講某個詞很沒禮貌，請在他們道歉之前就解釋。如果孩子道歉的事情需要由家長或他們自己採取更多後續行動，請以「我聽到你的道歉了，現在我們還需要做什麼才好」的句型來回應道歉。不管孩子是什麼年齡，請盡可能讓他們來主導行動，例如也許是傑克想到可以買張冰淇淋優惠卡補償清潔人員，父母這時就配合出錢。

最常見的失敗道歉教育就是家長自己從不道歉。在我們曾祖父母那一代，如果孩子被冤枉做錯事而受到處罰，大人即使知道自己誤會了也不道歉，反而還認為小孩子就是皮，一定有什麼值得毒打一頓的調皮行徑。這種態度當然不會讓受到不公平對待的人感覺比較好，請活在這個時代的大家不要仿效這種復古風氣。

瑪喬麗的父母其中一位是怒罵型的，另一位則是擅長擺出「我對你非常失望」的表情，令人生畏。瑪喬麗的哥哥安迪對於這種教養方式的反應，就是把所有的責任都推給他的朋友肯尼，從尿滴在馬桶座上到沒有收拾玩具都是。即使肯尼已經好幾天沒來家裡玩，安迪還是會反射性地說「都是肯尼弄的」。

作家凱特．羅斯曼尼斯（Kate Rossmanith）曾在著作中回憶父母親不和睦的關係，以及她從小都不知道他們到底是怎麼和好的。「我父母的爭吵撼動了整個房間，我們幾個兄弟姐妹會緊靠著彼此，尋找可以躲藏的地方。雖然他們並沒有做出肢體暴力……到處都是喊叫聲、關門聲、哭泣聲，有時候東西會被砸壞，這場爭吵持續了好幾天。」母親反覆告訴三個小孩去收拾行李，因為她要帶他們離開，孩子們聽話收拾好行李之後，這件事卻沒有發生。「每次爭吵後，我們三個在幾天後的早上醒來，赫然發現父母親在廚房裡說笑，他把她拉到身邊，開心地親吻她的額頭，我們的世界恢復了，我們也很困惑：愛情怎麼回來了？」到底是怎麼發生的，她的父母從來沒有說過。「我的父母從來沒有要我們坐下來，並好好解釋到底發生了什麼事，以及他們為什麼和好，我們從沒見過他們溝通、說對不起。對我父母來說，早餐時間在廚房裡的玩笑話就足以消除過去的災難，好像事情從未發生過一樣。」

成年人在強迫孩子道歉時偶爾會犯的另一個非理性錯誤是，認為孩子遠比實際上更狡猾。「道歉觀察家」的讀者費莉西蒂分享了小學四年級的經驗，她做了一件讓修女非常不高興的事情，修女要求費莉西蒂在朝會時當著全校的面向她道歉。小費莉西蒂不知道自己做了什麼，時至今日也依然毫無頭緒，但修女只是冷冷地說「你很清楚自己做了什麼」，並拒絕透露更多訊息。

「我當時整個人在抽泣，覺得既尷尬又羞愧，幾乎什麼話都說不出來。」費莉西蒂告訴我們：「但修女緊緊地抓住我的手臂，強迫我做了一個語無倫次的道歉，重點是我不知道自己做了什麼，但我很抱歉。即使過了六十四個年頭，每每想到這段記憶仍然讓我很痛苦，有時候還會哭出來呢。」

假如這名修女有在看本書的話，我們想溫和地告訴她，如果一個小孩子不知道自己做錯了什麼，要怎麼避免再犯呢？

成年人可能會以操控為武器

用道歉來操控孩子也是錯誤的教養方法，這常見於孩子被迫向另一名家庭成員道歉。當然，有些情況「道歉觀察家」不反對父母這樣做，例如家長要求孩子為弄壞姐妹的玩具小馬或亂吐哥哥口水而道歉等等。

不過，如果父母一再找理由要孩子向自己道歉，就有問題了。頻繁地要小孩貶低自己，無異於硬把他們推出「家庭」這個圈子，再叫他們卑躬屈膝地爬回來，這是很不人道的行徑。

心理學著作《刺蝟的愛情》中提到了一個負面案例。有個名叫「戴夫」的病人回憶說，父親會叫他吃飯時不停站起來，為自己弄亂桌面而道歉。這不是單一事件，而是長期的教養模式，堪稱是對孩子的霸凌。作家內米洛夫斯基（Irène Némirovsky）在自傳體小說中描述的家庭聚餐場景，大人總是有理由要童年時期的主角艾琳為自己「搞亂一切」而道歉。在某次家庭午餐聚會上，她因為張開嘴巴和打翻玻璃杯而挨罵，母親要她過來親吻自己的臉頰並說「對不起，媽媽」。年幼的艾琳在道歉時心裡當然充滿了憤怒和厭惡，但這又招來母親更多的指責：「看在上帝的分上，你這麼不甘願就不要做。我不想要這種只是嘴上說說的道歉，我要你發自內心道歉，不然就請你走開。」前述這些都不是教導道歉的良好教養方式，比較像在比拚怎麼在外人面前羞辱小孩。

讓孩子們看到他們的道歉被接受很重要。我們也認為有一種道歉是值得讓全班見證的，那就是來自貶損學生的老師的道歉。常見的案例是某個平常課業表現不佳的學生，最近幾次的回家作業做得很棒，老師因而質疑或指控學生抄別人作業。如果老師是公開提出指控，就應該公開道歉；如果是私下提出指控，就應該私下道歉。但無論如何，老師都需要好好向被誤會的學生道歉。

有時候，表現優秀的學生也需要老師好好道歉。由知名主持人安珀．魯芬（Amber Ruffin）和妹妹萊西合著的散文集中，描述了萊西在小學五年級的一段遭遇。萊西從小就對藝術非常有熱情，得知學校要聘請一位專門的美術老師，她畫了一幅真人大小的粉彩肖像畫，希望新老師會對這幅作品留下深刻的印象。新老師走進教室一看到粉彩畫，就問全班同學這是不是其他老師畫的，當萊西說出「那是我畫的」，新老師卻說：「你在說謊吧，你怎麼可能畫出這種水準的作品？」說完便把畫撕成兩半，扔進垃圾桶。萊西立刻離開教室，並回家把發生的事情告訴媽媽。媽媽送萊西回學校並與校長和美術老師好好談了一下，美術老師隨後在全班同學面前向萊西道歉。

作者蘇珊的一名同事也曾經遇過類似的事件。她兒子喬伊（化名）的老師有天在教這群小學生認識美國著名的地景，例如大峽谷和美國總統山，喬伊有好幾次都大聲分享說：「我去過那裡！」這位老師聽了便溫吞地說：「喬伊的想像力真豐富。」事實上，喬伊一家先前進行過一趟公路旅行，確實造訪過這些景點。由於老師的不信任，導致小小年紀的喬伊回家問媽媽：「我們真的去過那些地方嗎？」

媽媽得知前因後果之後很不高興，第二天去找老師對質，老師顯得很不想在其他學生面前討論。媽媽向老師保證喬伊並沒有說謊，老師一開始還辯解說：「我的回應很有禮貌啊！」媽媽則反駁：「這些小朋友都知道你說『喬伊的想像力真豐富』是什麼意思，你的意思就是他在說謊。」她並要求老師在全班同學面前向喬伊道歉，我們也同意這樣的情況需要公開的道歉。

成年人用道歉為手段來操控孩子的另一個例子，則是來自蘇珊的朋友。她是個外向風趣的人，但坦言她從小就認為「道歉」只不過是用來操弄他人的手段。

小時候，她的母親經常以很戲劇化的方式向忙於工作的父親抱怨孩子有多皮多不聽話。這時平常不太管家務事的父親就會命令女兒要向母親道歉。對蘇珊的朋友來說，道歉是父母一方以犧牲她的利益為代價，來與另一方建立連結的方式。她很難不把道歉視為某種精於算計的互動策略，畢竟自己從小到大的道歉都只鞏固了父母之間的聯盟關係，孩子永遠不在其中。

殘酷戲劇

前面這些負面案例倒也給了我們一些提醒。當你正處於憤怒狀態時，請不要提出道歉的要求，切勿用道歉來羞辱孩子或讓家庭成員彼此對立。在某些情況下，請問自己一個重要的問題：這個道歉真的有必要在其他觀眾面前進行嗎？

確實，最好的學習方法之一就是觀看別人接受教導，這被稱為「示範競爭法」（model rival method）。然而，請認真考慮一下孩子真的需要在集會、班級、全家人面前道歉嗎？為什麼？你應該知道這樣往往會讓事情變得更困難，請不要只為了給其他孩子樹立榜樣而犧牲道歉孩子的感受。若你過於堅持，很可能不只教會他們道歉，還教會他們來自成年人的霸凌是什麼樣子。

你可能無意中教給孩子的另一件事是你並不關心公平正義。假如大人只想要孩子們停止爭吵、打架，但拒絕了解紛爭的來龍去脈，就是在暗示他們並不關心真相，孩子的心情並不重要。如果你一味地要求孩子們握手和好，可能會縱放真正的霸凌者，也無異於告訴那個被欺負的孩子，沒有大人會保護他，你還可能錯過消除誤解的大好機會。

蘇珊記得小時候親戚們會介入一群正在爭吵的小孩之間，告訴他們別再吵了，並告訴大家，他們不想聽誰打了約翰。但小孩很在乎「公平」，而且是從很小的時候就是如此。波士頓學院、波士頓大學和密西根大學的心理學家花了數年時間研究對公平的渴望如何引導兒童的行為。他們設計了一個遊戲：兩個互不認識的孩子坐在一起。其中一人得到一顆彩虹糖，另一人得到四顆彩虹糖。兩人之中的一人可以決定這個情況是否沒問題，如果決定者認為可以的話，那麼兩個孩子都可以保留手中拿到的糖果，如果決定者認為不好，那麼兩人都拿不到任何糖果。

你可能會認為只有拿到一顆彩虹糖的孩子選擇「不同意」，他們確實如此，但是大多數拿到四顆彩虹糖的孩子也選擇「不同意」。研究報告寫道：「『什麼都沒拿到』似乎遠比『拿得比同儕多』要更好，即使對方只是一個剛剛認識的小孩也一樣。」在另一項實驗中，如果看到不認識的小孩拒絕分享糖果給其他不認識的小孩時，受試兒童都會想要干預，也就是跟不認識的人分享糖果。也有其他研究顯示，即使是只有十二個月大的幼兒也傾向希望看到實驗中的兩名參與者平均分配資源。

身為家長，我們應該都希望活在一個能夠教導孩子公平正義是受到重視和期待的世界，那麼，承擔責任和道歉便是建立這樣世界的一環。

關於寬恕的教養

「道歉是義務，寬恕則不然。」「道歉觀察家」經常重複這句話是有原因的。這個概念同時適用於小孩和大人，但大人常常堅持要求孩子原諒別人。我們曾看過一篇由小學老師寫的部落格文章，分享她教導學生如何道歉，裡面列出了四個步驟。第一步是說「我很抱歉……」，也提到必須具體說明自己是為了什麼事情道歉。她提醒學生不可以說「對不起，我沒禮貌」，而是應該說「很抱歉我說你的畫看起來像貓的嘔吐物」。

第二步驟是說「這樣說（這麼做）是不對的，因為……」，解釋為什麼這樣會對當事人造成傷害（理由絕對不是因為老師生氣了）。第三步驟是說「將來，我會……」，這也是很棒的一步。然而第四步驟是跟對方說：「你能原諒我嗎？」我們必須遺憾地表示，我們非常反對這一個步驟。請求寬恕會把責任的重擔轉移到接收道歉的孩子身上，正如前面提到的，獲得寬恕就像是獲得一份禮物，你不能主動索求這項禮物。想像一下，如果這種情況發生在全班面前，所有的目光焦點都會從道歉的孩子轉向另一個孩子，被道歉者有其他選擇嗎？

雖然這位老師也告訴學生可以「到教室外面道歉」，不一定會在全班面前上演，但這仍然是一個要求對方給予答案的問題，所以最好不要提問。不妨改為教孩子說「我希望你能原諒我」或「我希望我們能再次成為朋友」。

讓我們參考一下來自一七六八年、十二歲的查爾斯・費茲傑羅的道歉信（他長大後成為海軍少將）：

親愛的媽媽，我很抱歉讓您感到如此悲傷，我陷入很多非常不正當、不符合紳士身分和低於我階級的事情。我對我的不良行為感到非常抱歉。我違背了您和奧利格先生的命令，這實在是太不好了。我承認我非常不安，我希望您能原諒我，我以我的榮譽向您保證，親愛的媽媽，我再也不會做這樣的事情了。

這封信裡面出現了一籮筐的NG句型，查爾斯並沒有具體說明自己到底做了哪些壞事。不過值得鼓勵的是，查爾斯只說希望媽媽能原諒他，但並沒有透過問句來要求她給予答覆。查爾斯，你做得很好！

另一個與強制性寬恕相同的要求是，有些大人會要求孩子在道歉後互相親吻、擁抱。這可能是因為他們覺得小朋友互相親親抱抱的樣子非常可愛，但老實說，除非雙方都有這樣的習慣，否則整個過程只會增添一種不真誠和令人毛骨悚然的噁心氣氛。人不管年紀多大，都該享有身體自主權，沒有誰是必須要親親抱抱別人的。

要求小孩子對大人這樣做可能會更糟，還記得前面提到小艾琳被迫在道歉後親吻母親時的反感情緒嗎？小孩子不應該被要求要親吻或擁抱任何人，即使是隔幾年才見到的姨婆或堂表兄弟姐妹也一樣（這也表示小朋友對這些親戚根本不熟）。孩子應該要對自己的身體有選擇權，選擇誰可以觸摸及如何觸摸的權利，這一點也運用在道歉上，孩子必須說「對不起」，但進行身體接觸絕非必要。

如何把事情做對

也許前面這些都是你在教養時會犯的錯誤。那麼我們就來談談教育孩子道歉的好方法——其實很單純，但我們不會說很容易，因為確實需要一些練習。

教導孩子道歉時需要記住一件事：道歉本質上並不有趣。如果你不記得了，孩子的反應通常會提醒你。請把「道歉行為」與「做的壞事」兩者分開來看，給予訓誡及懲罰時不要全都混在一起講，並且記得稱讚孩子願意道歉——即使你先前好說歹說了一番。不妨誠實告訴他們，他們現在已經做到很多成年人因為不夠成熟所以也做不到的事情。告訴他們，道歉是很有勇氣的表現，因為確實如此，告訴他們你明白這麼做有多困難（你後續也可以分享一個自己在道歉時遭遇到困難的故事）。

以身作則、提供例子的效果很強大，所以你需要付諸行動，讓你的小孩看到並聽到你向他們道歉、向另一半道歉、向服務生道歉、向對話被你打斷的朋友道歉、向被你絆倒的貓道歉……如果孩子們成長於會在適當時刻做出道歉行為的環境裡，那麼道歉就不會變成想像中那般的神祕折磨。

孩子們往往也很難理解「我不是故意的」這句話並不是免死金牌。他們依然必須為打破窗戶、踩到別人的手或將整杯康普茶灑在客廳而道歉，可能還得拿零用錢出來修窗戶，或學習清理客廳地板上的康普茶。

大人確實需要安慰小孩，自己知道這些事情並不是他們故意造成的，不過既然事情發生了，孩子仍然要盡最大努力補救。

對孩子來說，這就好像犯錯分成兩種——「打破窗戶」和「計畫打破窗戶」。不小心打破窗戶的小孩會聚焦在自己並沒有刻意要打破窗戶的事實，而不是窗戶的確被自己打破了。對於那些試圖做好事的孩子來說，發生這樣的事情是很沮喪的，因為事發當時他們可能正在向玩伴示範打出高飛球或表演新的舞蹈動作。

話說回來，說不定並不是小孩子比較難理解「我不是故意的」並不能讓人免罪，而是我們成年人習慣用更複雜的方式來表達「我不是故意的」。比方說：「我的言論被斷章取義了」、「我無意冒犯任何人」、「我的朋友都知道我不恐同」等。換句話說，小孩子也不過是有樣學樣罷了。

對不起，我錯了

在教孩子道歉時，家長需要加強讓他們理解為什麼需要道歉，因為此時孩子對於是非對錯還沒有完整的概念。大人千萬要記得不同年齡的孩子學習事物的速度不同，所以關於道歉的教導必須符合孩子的年齡，不可以直接假設孩子已經知道那些他們其實不懂的事情。

這裡分享一個案例，有個小六學生年紀已夠大了，能夠理解「去你的蛋蛋麵」這樣的玩笑話，但又可能還不夠成熟到明白打惡作劇電話到九一一，對接線人員大喊「去你的蛋蛋麵」並不是個好主意，九一一可以回撥他的電話號碼並告訴家長他做了什麼好事。

父母親要他寫一封道歉信，並陪著他到當地的消防局，向辛苦的接線員大聲念出來。

親愛的九一一接線員：

> 昨天晚上我打電話過來說「去你的蛋蛋麵」，我知道這樣做很笨，但我沒有聽從內心的聲音。我知道這是不對的，請原諒我說的話，我知道我的行為要面對處罰，我不會抱怨的。我是因為和朋友打賭，所以打惡作劇電話，我沒有從中得到任何好處，反而是惹上麻煩。這是一封寫給你們的信，我對我的所作所為感到抱歉，希望你們能原諒我。

從內容看來他知道這樣做很愚蠢，但似乎並不知道為什麼，而父母的職責就是幫助孩子釐清原因。

比較好的例子是一個英國小孩的父母，從孩子的道歉中可以清楚看出他們有好好說明一番。這個英國小朋友同樣也是打惡作劇電話到當地的緊急救護中心，他的道歉如下：

> 我對於亂打電話到九九九感到非常抱歉。為什麼我不應該在緊急狀況以外打九九九：
>
> 1. 因為你會被罰款。
> 2. 你會被電話裡的人訓斥。
> 3. 這可能會占用到其他真的需要幫助的人的時間。
>
> 我很抱歉，我知道事情的嚴重性了，我保證再也不會這樣做，我非常非常抱歉。

我們不知道英國的緊急救護中心做出了什麼回應，但我們確實知道美國的接線員很高興收到那名小六生的道歉，還帶領這家人參觀了調度指揮中心，以便讓孩子了解他們的工作是為有急需的人提供幫助，以及為什麼有小朋友亂打電話進來是很不好的。我們認為這樣的教育應該就足以讓這名小六生明白原因了。

不過，如果他的父母也向他說清楚那就更好了，道歉不應該是發生在因為被抓包所以才咕噥著「對不起」，父母有責任解釋孩子犯了什麼錯需要道歉、這樣的行為對其他人造成了什麼影響，以及我們希望社會如何運作——這很重要。

喬丹不知道其他人也會有感受

如果是還不太有能力同理別人的小小孩呢？他們還是得按表操課一番，因為實際做出道歉步驟有其必要。家長必須負責解釋道歉的原因、造成的後果和彌補的方式，而小小孩只需要說「對不起」就好了。隨著孩子年齡的增長，他們會開始內化你的道歉教育，變得能夠用更細膩的方式道歉，而這股帶著善意的公民責任也開始從你身上傳承到孩子身上。如果你堅持以身作則，我們保證這一切都會潛移默化到孩子身上。

另外也請記住一點，教育你的小孩向另一個小孩好好道歉，對另一個小孩的成長來說也是有所助益的，即使你的孩子年紀還太小，道歉時無法充分感受到他們應該感受到的後悔。

我們也不厭其煩地再重述一遍：沒有誰必須原諒誰。請不要教你的孩子在道歉之後說「那我們就和好嘍？」這樣的話。做錯事的人必須有禮貌地說對不起，但接收道歉的人沒有義務一定要接受不可，也不該被要求如此做。如果你的孩子是被道歉的一方，請不要問他們是否受到了委屈，而是問他們是否認為這個道歉是真誠的。如果確實是另一個小孩做錯事，但他願意承認這個事實，那麼請教導你的小孩，心中懷著怨恨對自己沒有任何好處。舉例來說，喬丹明知學校規定書包不可以放在教室的走道上，卻還是放了，你的小孩因此絆倒。喬丹為此事道歉，並且也了解為什麼要遵守這個規定，這時就應該鼓勵你的小孩接受道歉，並放下這件事。

另一方面，你也可以趁機教導小孩辨認「情感操縱」（gaslighting），這是受用一生的寶貴技能。假設喬丹是故意絆倒你的孩子，然後說：「抱歉，這是不小心的，我以為你有看到我的腿伸出來。你走路應該更注意一點才對。」你的孩子沒有義務接受這種道歉，你可以教導孩子說「謝謝你的道歉」就夠了，這句話並不代表「我原諒你」。如果找碴的孩子不知悔改，請鼓勵你的孩子盡可能遠離這個人，並幫助孩子結交其他朋友。那些校園惡霸往往在很小時，言行舉止就透露出端倪了。

一起學習怎麼道歉

美國小學多年來推行名為「回應式教室」的教育方式，既注重知識學習，也注重社交情感的學習。這種教育方法有四大重點：學業、積極的社群、有效的管理和發展意識，宗旨在於創造成功的學業氛圍同時兼顧健康的學校氣氛。就算你不是教育工作者（但老實說，任何養育孩子的人都算是教育工作者），在網路上搜尋「回應式教室」的標語也能有所收穫，這些標語有助於教導小孩如何好好地道歉。

例如，有個跟承擔後果有關的標誌就告訴孩子們：「如果你弄壞任何東西，就得修好它。如果你傷害了別人的心，你也需要讓對方感覺好一點。」若教室裡掛著這樣的標語，學校教職員也確保它們不僅是裝飾，而是鼓勵學生採取的行動方案時，孩子們就知道自己所處的環境是很重視善待他人和道歉。

另一個標語講述的內容則與「道歉行動」有關：「如果你說了別人壞話，請努力說他們的好話。如果你取笑別人的作品，請告訴他們你喜歡裡面的哪些部分。如果你推了朋友一下，就畫一張『對不起』的圖畫給對方。」你覺得這些標語太囉嗦？當然啦，這些是用來教育小朋友的教具。如何將這些建議融入孩子們的日常生活中，需要由成年人示範和制定規則。不妨考慮一下「我們的上課守則」標語：「我們會做出有助於我們學習的最佳選擇，我們會友善並且互相照顧，即使遇到困難，我們也會盡最大的努力。」這對成年人來說也是值得遵循的好建議。

「道歉觀察家」的粉絲米雪兒在十一歲時，有次幫忙照顧鄰居家的孩子。鄰居爸媽說這段時間她想吃什麼就吃什麼，不用客氣，等小朋友上床睡覺後，米雪兒吃了一些冰淇淋。幾天後，米雪兒的媽媽告訴她，鄰居爸媽說冰箱冷凍櫃沒關好，裡面所有食品都壞了。

由於米雪兒的爸媽總是教導她，如果她做錯事就應該誠實說出來，他們不會為此責罵她，他們也一直信守諾言。這樣的教育方式讓米雪兒很願意誠實面對一切，因此她到鄰居家道歉：「我以為我關上了冰箱門，但我一定沒有確實關到底，我真的很抱歉。」鄰居爸媽很感動：「這是非常成熟的說法，就連很多大人都不會這樣道歉。」米雪兒至今都還記得這句讚美。

教育孩子如何做出得體的道歉，以及如何優雅地接受道歉都有助於提高孩子的幸福感和安全感，並讓這世界變得更美好。我們希望各位讀者的孩子以及我們自己的孩子，都能成為好人，並且這一生都閃耀著良善的光芒。

行動項目

□ **避免代表孩子道歉。**如果你的孩子已經夠大，有能力自己說話表達了，請不要代他們開口道歉，而是要讓他們為自己的錯誤道歉。「喬丹很抱歉他踢了朱利奧，他下次不會再這樣做了。」不不不，請讓喬丹用自己的話來說吧！

□ **向孩子解釋道歉步驟，並在他們試圖逃避時予以糾正。**從小教育，他們往後道歉時會越來越熟練。

□ **給孩子的六個道歉步驟：**

1. 說「對不起」或「我為……道歉」。幸運的是，小孩子通常還沒有足夠的字彙量來避重就輕，不太會說出「我為不幸的事件感到遺憾」或「傑瑞的泰迪熊變成這樣真是太令人惋惜」。總之，他們應該要向受到傷害或感到不高興的人道歉。
2. 具體說出他們做錯什麼事，是「罵你是個大騙子」，而不是「辱罵你」。
3. 說出造成的後果。「芭比再也不能穿上高跟鞋了。」
4. 解釋他們為什麼這樣做，這是非必要的選項，因為對孩子來說可能很困難，他們有時候也不知道自己為什麼要這樣做。參考範例是：「我以為如果下果汁雨會很有趣，但我沒有想到你會變得黏答答，必須洗澡和換衣服。」只要確保你的孩子在慢慢長大的過程中，能夠理解「解釋」和「藉口」之間的區別就好。如果孩子有找藉口的跡象，那麼這個步驟可以先跳過。

5. 告訴受到傷害的人為什麼他們現在可以放心了，也就是「我再也不會這樣做了」。

6. 你要如何彌補對方。「我會幫忙把泰迪熊的腿縫回去。」「我的芭比娃娃送給你。」

簡單易行，對吧？錯了，這對大人來說很難，對小孩來說也很難，但既然我們大人可以學會如何做好這件事，那孩子們也可以。

七本關於說「對不起」的優秀兒童讀物

《莉莉的紫色小皮包》凱文．漢克斯◎著

《不要吧，小乖！》克里斯．霍頓◎著

《大壞熊》愛咪・戴克曼◎著、澤切里亞・歐哈拉◎繪

《我幾乎要氣炸了》（*I Am Extremely Absolutely Boiling*）蘿倫・柴爾德◎著

《有時我很爆炸》（*Sometimes I'm Bombaloo*）瑞秋・維爾（Rachel Vail）◎著、許裕美（Yumi Heo）◎繪

《小毛惹麻煩》大衛・夏儂◎著

《海莉，你快讓我抓狂了！》（*Harriet, You'll Drive Me Wild!*）梅・福克斯◎著、瑪拉・弗拉季◎繪

糟糕的道歉賓果卡 #3
氣憤的小孩版

可是他……	就剛好發生	沒有這樣說	但是你說	雖然說
可是 其他人都	對不起， 可是	可是 他們都……	那…… 又怎麼說	首先
對不起， 如果	我的意思是	**自由 填空**	這是誤會	不幸的
還只是個 小孩嘛！	這不公平	很抱歉讓你	不是我的錯	哎呀！媽呀
身為家人	打算	期待	白痴喔！	被處罰

CHAPTER

06

抱歉！我們的方針是永遠不會犯錯：企業的可憎之處

除了人類心理、社會學和教養問題未能塑造良好的道歉習慣之外，當然還有更多的因素導致地球上四處可見糟糕的道歉。現在我們可以來討論那些不時做出可怕道歉的機構了，為什麼企業、醫院、律師事務所、保險公司和警察部門在道歉時經常犯下既武斷又令人氣憤的錯誤？

醫生怎麼了？

有一次，瑪喬麗按照習慣提前幾分鐘抵達診所等待。這是她第一次請這位醫生看診，她等了好久，大約過了三個小時才被叫進診療室，換上涼颼颼的檢查服之後又在那裡等了四十分鐘。醫生這才終於進來，開始詢問：「有哪裡不舒服嗎？」瑪喬麗反問：「請問，等待看診的時間都是這麼長嗎？」醫生說：「我剛放完假回來，積了一大堆事情等我處理。」瑪喬麗進一步暗示：「我等了三個多小時。」醫生繼續重申這次是特殊狀況，瑪喬麗也不敢再繼續暗示希望醫生能對她說「對不起，讓你等了三個多小時」。

不過，在看診結束後，她寄一封電子郵件給醫生請他道歉，但他沒有回應，然後她也寄了一封信向醫院反應，只收到「我們很遺憾……」的聲明，並表示會將她的意見轉達給該名醫生。瑪喬麗唯一能做的就是告訴每個認識的人不要去看這位醫生，除非他們那天有三個小時的空閒時間，並且也討厭道歉這種行為。

有些人是不會說道歉的，尤其是醫生。該醫師儘管有三次機會說「對不起」，但似乎因為向患者道歉會令他難堪，所以他從未採取行動。很多讀者應該都有類似的經驗，醫生要不是拒絕道歉，就是講些空泛模糊、令人心生不滿的內容，例如「我們感到遺憾⋯⋯」等。

醫生之所以不擅長道歉可能有幾個原因。在這個管理式照護當道的時代裡，他們的工作異常忙碌，再加上他們也是人，道歉對人類來說是很困難的一件事。他們通常不太把患者的抱怨放在心上，也習慣面對一群又一群沒有太大區別的病人行使自己的醫療權威，這也可能會影響他們道歉的能力。正如第四章所說，握有權威的人士不太可能為自己的錯誤道歉。

然而我們認為，醫生的道歉會如此不像話有兩個主要原因。一來是醫學院不會教導醫學生如何好好道歉，而且提供的建議也很糟糕，說如果道歉了他們很容易被告上法院——這一點完全偏離了事實。

讓我們先來解決「被人告」的不理性恐懼。根據一份哈佛醫院體系的報告指出，幾乎沒有證據顯示醫護人員給予善意的道歉之後，會增加醫療事故訴訟的風險。

報告顯示事實正好相反：未能公開溝通、承擔責任和道歉會加劇患者的憤怒。有一些醫療事故律師認為，三分之二的醫療事故訴訟源於醫護人員未能承擔責任、好好道歉和公開溝通。

的確，根據一些商業和法學教授的研究顯示，道歉確實會增加訴訟風險，但大多數研究並未區分「成功的道歉」和「失敗的道歉」。大家應該都能從自己的經歷中知道，糟糕的道歉有多讓人火冒三丈，心裡抱持一股怨氣。律師經常建議的那種道歉——不承認任何責任並充滿各種含糊、事不關己的聲明——並不能滿足患者對於獲得真誠道歉的渴望，反倒讓人光是看到這種內容就想把對方告到脫褲。

醫療道歉法

美國有三十九個州制定了「醫療道歉法」[2]，防止醫生和院方的道歉在法庭上被當成不利的證據。但我們認為，這類法律多半只納入「同情類型的道歉」，但那些「願意承擔責任的道歉」依然可以在法庭攻防中拿來對付醫生，這樣當然無法鼓勵醫生好好道歉了。

此外，根據《史丹佛法律評論》的一項詳細研究顯示，現行的醫療道歉法不僅無法幫助外科醫生，甚至也會對其他領域的醫護人員造成不利的局面，讓他們必須支付更多賠償金。研究者指出，醫護人員的工作「說明了他們必須很清楚該怎麼道歉以及何時道歉，但醫療道歉法並未針對這兩點提供相關的培訓」，我們也同意這個看法。此外，如果醫療道歉法只保障「同情類型的道歉」，醫生可能沒辦法詳細解釋特定醫療事故的性質，因為難保說詞不會成為對自己不利的證據。但這又可能會讓患者或家屬認為道歉不真誠，反而更加憤怒。

想達成醫療道歉法的初衷，更好的配套措施是由各家醫院資深的工作人員編寫病情說明步驟，並針對醫生和醫院管理人員進行醫患溝通的培訓。這樣當「醫療事故」真的發生，醫護人員和管理階層在跟患者及家屬溝通時可以避免刺激對方情緒，好好地解釋和道歉。一旦道歉得當，就不必搞到大家法庭上見。

哈佛大學醫院的報告提出了全面溝通的四個步驟：

1. 告訴患者及其家屬發生了什麼事。
2. 承擔責任。

---

2 台灣於二〇二二年通過涵蓋類似概念的「醫療事故預防及爭議處理法」。

3. 道歉。

4. 解釋將採取哪些措施來防止未來發生類似事件。

完全符合「道歉觀察家」的觀點，這些正是成功的道歉所包含的部分！伊利諾伊大學法學院的羅本諾教授（Jennifer K. Robbennolt）在論文〈道歉和醫療疏失〉中引用了一項研究，發現超過百分之九十提起醫療事故訴訟的人之所以這麼做，是因為想要防止同樣的事情發生在別人身上、希望發生的事情能獲得解釋，或希望醫生能夠了解自身行為所造成的後果。另一項研究指出，遭遇醫療疏失並提起訴訟，但認為訴訟其實是可以避免的手術患者當中，有百分之四十的人表示，如果他們當時有獲得解釋和道歉，就不會提起訴訟。在這些案例中，只有百分之十五的患者得到了道歉、百分之十三的患者表示外科醫生勇於承擔責任。

醫生願意一起提出道歉與公平的補償，不需要由病患主動提出時，雙方都會感到如釋重負，心情更加平靜。成功的道歉可以避免花費更高昂的法律訴訟，節省醫院的開支，也有助於醫生能夠進行更好的溝通，並改善醫病關係。

對於身體或精神傷害進行補償是一定要的，羅本諾教授引用了南非的屠圖大主教的話：「如果你拿走我的筆之後表達了歉意，但不把筆還給我，那就等於什麼事也沒有發生。」從這種觀點來看，補償是醫療道歉必備的一個步驟，當你積極主動地提出願意補償，病患通常會樂於接受較小的金額，而不是那些在對簿公堂時會看見的驚人天價。

教醫生道歉是可行的

道歉對於醫生和患者來說都形同療癒，美國國家醫學院曾發表一份開創性報告發現，醫護人員其實和病患家屬一樣，在出現醫療疏失後會感到內疚。家屬覺得自己對不起病患，並擔心如果要求醫生道歉或解釋詳情，可能會招致醫生懷恨在心。醫護人員則要麼保持沉默，要麼溜走，因為他們既擔心病患（畢竟沒有人會想要蓄意傷害患者），也擔心自己會惹上不必要的麻煩。臨床醫生經常覺得自身必須對每件事都採取積極的態度，這是非常沉重的負擔。

幸運的是，環境正在慢慢改變中。羅本諾教授指出，西奈山醫學院等多所醫學院校，都開始培訓住院醫師如何給予適當的道歉。

已故外科醫生保羅・卡拉尼提在其精彩的回憶錄《當呼吸化為空氣》中討論了自己罹患癌症一事如何讓他變得人性化。作為病人的經歷和認知到自己壽命有限，讓他成為更好的醫生和一個更好的人。他在史丹佛大學指導住院醫生時，談到了道歉和為錯誤而承擔責任的重要性，但並不是每個學生都能理解。他曾提到這樣一名年輕人：

他是名才華橫溢的外科醫生，但每次犯錯都不願承認。有一天，我們兩個都在休息室裡的時候，他懇求我幫忙挽救他的職業生涯。

我說：「你所要做的就是看著我的眼睛說『對不起，發生的事情都是我的錯，我不會讓同樣的事情再次發生』。」

「但那都是護理師——」

「不對，你必須很有誠意地說出來，再試一次。」

「可是……」

「不對。說出來。」

這個情況持續了一個小時，我才知道他注定要失敗。

與文中這個醫師不同，大多數外科醫生都有心想要學習。（你沒看錯，外科醫生通常被病患認為是醫學界的混蛋，就連其他科的醫生也同意。）

一項研究發現，有百分之九十的外科醫生在告知病情方面完全沒有接受過訓練，然而在接受過相關培訓之後，百分之九十三的人稱之為「非常好或極好的教育經驗」。因此，持續為醫生提供告知病情和道歉的教育顯然有其必要——即使是外科醫生也是如此。對醫學生來說，越早提供相關教育顯然是最好的策略。

喬治亞健康科學大學的一年級醫學生必修道歉課程。負責該課程的三位講師曾經發表論文報告課程帶來的影響，他們針對三百八十四名修課學生進行研究，發現學生對於給予適當道歉的信心隨著課程訓練逐漸增加，他們也越能自在地向教職員或病患告知疏失所在。學生對於道歉在醫療體系中的重要性有了新的認識，百分之七十四的學生認為課程訓練很有幫助。（補充：女學生的道歉成效比男學生要高出很多，不過到底是因為女醫學生更擅長道歉，還是被道歉者更願意接受女性的道歉，緣由並不清楚，確實需要更進一步探究。）這三位講師指出，其他醫學院校也開始推行道歉相關的實驗課程，讓學生與扮演病人的演員進行角色扮演，學習如何細膩地告知和討論醫療事故。

總結來說，病患不想感覺自己受到情感操縱，不希望在尋求答案時對方迂迴逃避或陷入沉默。醫生不希望覺得自己所屬的醫療機構不願提供支持，不想在面對難以避免的人為失誤時手足無措，也不想感到丟臉。每當有壞事發生，人的本性就是希望能從中得到好處，道歉包括採取具體措施、防止錯誤再次發生，可能也算是一件好事。

成功道歉這檔事

在商業領域中，道歉也能發揮扎實的影響，因為企業和醫療體系一樣，必須創造環境讓員工能夠安心承認錯誤，然後共同努力解決問題。哈佛商學院教授艾美・艾德蒙森發現包容、樂於互助合作的老闆對公司發展能帶來好處。

從一九九九年開始並持續至今的一系列研究中，她發現在跨領域團隊中願意讚賞他人工作表現的領導者，能夠創造出更具向心力的工作環境。奇怪的是，越有向心力的團隊似乎就越容易犯下錯誤——或者應該說他們願意回報更多錯誤。這是因為團隊成員覺得自己能夠好好討論問題，並相信其他人會一起合作解決問題。艾德蒙森發明了「心理安全感」一詞，指的是人們覺得身處於可以提出問題和承擔風險的環境，而這樣的環境會帶來更成功的表現。

企業道歉的方式很糟糕，是因為害怕讓股東失望、失去市場占有率、流失客戶。執行長們可能會逃避道歉，因為不希望在任何可能的未來東家面前表現出軟弱的樣子。許多企業對於錯誤的第一反應是否認、否認、再否認，這導致他們最後終於道歉的時候，情況往往變得很糟糕。有這種情況的職場通常無法帶來足夠的心理安全感，大家難以直接面對錯誤並以開放、誠實的態度來解決問題。

兩家航空公司的危機處理故事

最近一次知名企業做出糟糕危機處理的案例是聯合航空。當時網路上流傳一段可怕的影片：一名六十九歲的亞裔美國醫師在聯合航空的飛機上遭到航警拖行，他發出尖叫，眼鏡歪斜，臉上還流著血。原因是機位超賣，聯合航空必須為機組人員挪出座位，如此粗暴的手段最終造成這名醫師腦震盪、鼻子骨折和斷了兩顆牙齒。聯合航空對此事做出的回應堪稱災難，諷刺的是，一個月前執行長奧斯卡・穆諾茲才被《公關周刊》評選為年度最佳溝通者。

事實上，亞裔身分的陶醫師遭受暴力對待的前兩周，聯合航空才發生另一起粗暴對待乘客的新聞，當時他們禁止兩名穿著內搭褲的少女登機，讓她們只能卡在登機門哭著看飛機起飛。聯合航空在推特上多次為登機門的工作人員辯護，宣稱公司有權阻止任何「衣著不合時宜」的人登機，然後又表示這些少女是以聯合航空工作人員的親屬身分購買機票的，所以「這類型的旅客也需要遵守服裝規範，因為她們在飛機上也代表公司形象」。也許是時候重新審視一下貴公司的服裝規範了，尤其是還涉及到未成年人。

陶醫師被航警從飛機上拖下來之後大約四個小時，聯合航空才發布了第一份官方聲明：「從芝加哥飛往路易斯維爾的３４１１航班已經超賣，我們的工作人員在尋找志願者，一名乘客拒絕主動離開飛機，因此執法人員才被要求來到登機門。對於超賣的情況，我們深表歉意，有關被帶走的乘客的詳細資訊請詢問有關當局。」翻譯：

抱歉機位超賣，這個不合作的混蛋發生的事情真的很不幸！不爽的話就去罵警察吧，不是我們的問題！

聯合航空的回應真的是糟糕到不行。第二天中午過後不久，執行長穆諾茲在推特上寫道：「這對我們聯合航空所有人來說都是令人苦惱的事件。對於必須要重新安撫這些旅客，我深表歉意。我們的團隊正迫切與當局合作，並檢視事情經過究竟為何。我們也正在聯絡這名乘客，希望能直接與他溝通，進一步處理和解決這次的狀況。」這段聲明還是很可怕，充滿ＮＧ用詞而且同樣沒有道歉，狀況、重新安撫、這些旅客……大眾只關心那位被拖走還頭部流血的長者好嗎？大家不意外這對聯合航空所有人來說都是令人苦惱的事件，但很難想像陶醫師看到這樣的聲明會有多生氣了，穆諾茲甚至沒有提到航警打人的事呢。

穆諾茲後來又向內部人員寫了一封信，信件被爆料給媒體，讓事情再次雪上加霜。

親愛的同仁，我和你們一樣，昨晚得知聯合快捷3411航班上發生的事情，我感到很沮喪。雖然事情還在釐清中，特別是關於該乘客為何反抗芝加哥航警的問題，但為了讓你們更清楚發生的情況，我在下面簡述公司相關人員提交的初步調查報告。

正如你們後面會讀到的，我們禮貌地要求幾位乘客搭乘下一班飛機，其中一名乘客拒絕，不幸地讓現場情況變得更加複雜，因此有必要尋求芝加哥航警的協助。第一線人員謹守這類情況的既定處理程序。

雖然我對發生這種情況深感遺憾，但我也強烈支持全體工作人員，我要讚揚你們持續努力工作，確保每一趟航班都安全起降。然而，我確實相信我們可以從這次經驗中記取教訓，而我們也正在仔細研究此次事件的情況。尊重我們的客戶和彼此是我們的核心價值，無論面對多麼困難的挑戰，我們都必須永遠記住這一點。

「雖然我對發生這種情況深感遺憾」，真是缺乏責任心的說詞啊，講得好像陶醫師被強行拖走跟聯合航空一點關係也沒有。穆諾茲不只沒有向陶醫師道歉，甚至沒有在這封內部信件向自己人道歉，畢竟他們可能也對來自全國怒火和社群媒體的嘲笑感到沮喪。再說，這位乘客可是付了機票錢，雖然超賣機位屢見不鮮，但「我們很禮貌地要求他下飛機」並不能改變一項可惡的事實：消費者買了座位卻無法保證使用權。這封信讓整個事件更加炎上！幾個小時內，穆諾茲又發表了另一份聲明：

這次航班上發生的這起令人不愉快的事件引起了大家許多反應：憤慨、生氣、失望，我也有同樣的感受，其中最重要的是，我對所發生的事情致上最深切的歉意。如您感受到的一樣，我仍然對這次航班上發生的事情感到不安，我向被強行帶走的旅客以及機上所有旅客深表歉意，任何人都不應該受到這樣惡意的對待。

在此想讓您知道，我們會承擔起全部責任，並將努力糾正錯誤。做正確的事永遠不會太晚，我已向我們的顧客和員工承諾，我們將修補這些漏洞，以後不會再發生這種情況。彌補方法包括澈底審查機組人員的流動機制、改善鼓勵乘客自願下飛機的政策、如何處理超賣情況以及與機場當局和執法部門合作。我們將在四月三十日之前公布結果。

我向大眾保證我們會致力於改善現況。

這是他們第一次使用「道歉」這個詞，但沒有提及「令人不愉快的事件」是什麼。穆諾茲「對所發生的事情感到不安」的說法同樣缺乏具體性。幸運的是，聯合航空願意努力以不涉及暴力的方式鼓勵乘客自願下飛機。

他們陸續發表了更多的言論，而聯合航空股價暴跌，美國人確信「這種可怕的情況提供了一次嚴酷的學習經驗」。穆諾茲在《早安美國》節目中經歷了一趟道歉之旅，並談到他感到「羞恥」（再次強調，成功的道歉應該關注受害者的感受，而不是加害者的感受）。聯合航空最終向陶醫師公開道歉，並為該航班的旅客退費。

最後，聯合航空也做出真正變革的承諾：除非事關安全和保障問題，否則不會聯絡執法人員到場，重新評估「機組人員的流動機制」，改善為了方便機組人員移動而剔除付費乘客的規則，同時也調整員工訓練內容，以實踐公司的核心價值為優先。聯合航空和穆諾茲聲稱多次致電陶醫師道歉，但是被陶醫師的律師在記者會上打臉……聯合航空你們何不就從誠實開始實踐你們的價值呢？

道歉優先

與聯合航空相反的案例是捷藍航空的危機處理。二〇〇七年的情人節，因為冰暴的緣故，捷藍航空在甘迺迪國際機場有一百三十九個航班無法按照預定時間起飛。偏偏捷藍航空做了錯誤的判斷，以為天氣很快會回穩，所以依然讓乘客登機，結果是大家在機場受困長達六小時。航班的大延誤在全美國引發骨牌效應，甘迺迪國際機場整整六天航班大亂，有超過十三萬名捷藍航空客戶受到影響。

這六天之後，該公司在紐約市、波士頓和華盛頓特區的報紙上刊登了整版廣告，部分內容如下：

我們非常抱歉也非常尷尬，但最重要的是，我們真的深深感到抱歉。上周是美國捷藍航空七年來運轉最糟糕的一周。（略後述）對於我們造成各位乘客的焦慮、沮喪和不便，言語無法表達我們的歉意。我們知道上周我們未能兌現承諾。

我們願意向各位尊貴的顧客做出承諾，並立即採取改正措施，以恢復您對我們的信心。我們已經開始制訂全面的計畫，以便為您提供更好、更即時的訊息，並且為我們的機組人員提供更多的工具和資源，改進處理遭遇類似緊急狀況的程序。（略後述）

最重要的是，我們公布了美國捷藍航空客戶權利方案，告知您我們未來將如何處理停飛事件，其中包括客戶賠償細節。（略後述）

您上周絕對值得獲得我們更好的服務。

這封道歉信最後有該航空公司的執行長署名。

為什麼這個道歉比聯合航空的道歉好得多？首先，它以道歉開頭，沒有在那裡糾結於執行長或公司的情緒或「遺憾」，且密切聚焦在客戶的憤怒和遭到背叛的感受上。「我們知道上周我們未能兌現承諾」、「您值得獲得我們更好的服務」等句子展現出主動性，有同理心而不是一味迴避，這正是聯合航空未能真正做到的。這封信提出為確保這種情況不再發生，未來公司將採取哪些行動，並表明會賠償。對比聯合航空的侷促不安、閃爍其詞、充斥著官腔的回應，捷藍航空用較親民的口吻與客戶對話，不會那麼令人惱怒。

房間裡的資本主義大象

不過，這兩種道歉都存在一個固有的問題，你猜是什麼？就是資本主義！我們可能會發誓再也不搭乘某家航空公司，但只要該公司的機票夠便宜或飛行路線夠方便，我們多半會摸摸鼻子放棄堅持。航空公司也知道這一點，消費者最終是用他們的錢包來投票，多數人關心的是飛行常客獎勵方案，對那些嚴重疏失（例如毆打老人家）的憤怒並不會產生太多長期影響。

另一個問題是現代人都很健忘。冰暴事件發生僅過了幾年，捷藍航空就因空姐崩潰大喊「我受夠了！」的事件再次成為新聞焦點。飛機滑行至停靠點時，該名空姐便自行打開逃生滑梯，抓起兩瓶啤酒，滑下飛機。安全專家指出，該事件暴露了捷藍航空的一些安全漏洞。捷藍航空後來還捲入政治獻金醜聞。與此同時，聯合航空則宣布推出飛行學院計畫，以招收多元學生為宗旨，期望在二〇三〇年前培訓五千名新飛行員，並且其中有一半是女性或有色族裔。這樣看來，企業有沒有好好道歉真的重要嗎？

老實說，有時候不是很重要。如果公司把股東放在社會責任之前，或者公司經過計算後認為，道歉不當或根本不道歉對他們來說比道歉得當和做出各種麻煩的改革更加有利。對於一些想建立離經叛道或強悍形象的公司來說，拒絕道歉對品牌來說也是件好事。對於人類來說，做出適當的道歉不僅是義務，而且還能改變人生。對於公司來說，道歉主要是為了商業利益，這就是我們可能無法從各家企業行號那裡得到令人滿意的道歉的原因之一。

泰諾投毒案

然而，有時企業好好道歉並做出改變是非常重要的。這個案例是一九八二年發生的止痛藥泰諾投毒事件，四十多年來，它依然是世界各地的商學院和公共關係課程中的經典教案。一名罪犯不知何故在芝加哥郊區的泰諾止痛藥瓶中摻入致命劑量的氰化物，造成三天內有七人死亡，全美國都陷入了恐慌。

泰諾的生產商嬌生公司迅速採取了行動，執行長伯克（James E. Burke）成立由七名成員組成的戰略團隊，並告訴他們現在的首要任務是「如何保護社會大眾」，第二個任務則是「如何拯救這項產品」。在警方調查清楚遭到下毒的藥瓶數量之前，嬌生公司就主動召回市面上流通的三千一百萬瓶泰諾止痛藥。這個策略在當年可是前所未聞的概念，嬌生付出的代價超過一億美元（換算成今天的物價超過二・九億美元），一夜之間，他們的市占率從百分之三十四降至百分之零。

伯克與各大新聞網的負責人聯繫，主動提供每日最新消息並允許這些媒體人參與嬌生的內部會議。伯克後來在接受採訪時說道：「公司的律師很討厭我這樣做，因為他們不知道我們的哪些責任義務是合法的。」嬌生為消費者成立熱線電話，並發送通知到醫生辦公室，請醫生們提醒患者不要使用泰諾止痛藥。危機管理、公關品牌和廣告主管都不看好公司能挺過這次風波。傳奇廣告大師費米納（Jerry Della Femina）告訴《紐約時報》：「我認為他們不可能再以這個名字銷售任何產品了。可能有哪個廣告人自認可以解決這個問題，如果他們找到這個人的話，我也想僱用他，因為我希望他可以把我們公司的飲水機變成酒櫃。」

然而，僅僅兩個月後嬌生公司就以新的形式重新推出了該產品，並採用了新的包裝，使其更難被有心人士破壞——瓶蓋周圍有塑膠材質，瓶子頂部覆蓋著鋁箔紙，膠囊由凝膠而不是粉末製成。一年之內，泰諾不僅重新贏回市場占有率，而且還超越原本流失的市占比率。

我們找不到嬌生公司道歉的相關證據，所能找到最接近的結果是在記者會上伯克被問到是否對公司沒有更快採取行動感到遺憾，他回答說是。我們認為在這種情況下，執行長是否說「我很抱歉」或「我道歉」並不重要，他的行為就是道歉，該公司盡全力做了一切正確的選擇，並且因為第三人的惡意行徑蒙受龐大的財務損失。

一般來說，最好的商業道歉包括言語和行動，單單只是其中之一是不夠的。研究似乎顯示，顧客個人受到公司不當行為的影響時，他們寧可接受誠心誠意的言語道歉，而不是沒有一聲抱歉的賠償方案。英國一項研究發現，企業若願意向不滿的顧客表達歉意，這些顧客比「獲得經濟補償的顧客」有更高的滿意度。該研究提供那些留下非正向評論的eBay網購用戶兩種道歉方案，一是好好地留言道歉，一是賠五歐元請對方撤銷評論。大約百分之四十五的受試者在收到留言道歉之後撤銷了評論，但只有百分之二十三的人願意為了補償金而刪除評論紀錄。

為月事提供補償

如果一家公司能夠做出成功的道歉、提供補償、採取行動解決問題並表現出幽默感，那就更好了！以o.b.衛生棉條為例，二〇一〇年嬌生公司經歷供應鏈中斷，做出錯誤商業決策，決定將量多型棉條這項產品下架。他們低估了這款棉條的受歡迎程度，顧客在貨架上找不到該產品，開始感到驚慌失措。有些人趁機在網路上以一盒一百美元的高價出售，於是憤怒的消費者呼籲抵制o.b.。

嬌生公司很快意識到自己搞砸了，並努力解決問題。他們將重新生產該產品，並在四個月後重新上架。嬌生公司也向消費者發出道歉信，並提供優惠券，同時也在其中展現幽默。

嬌生公司向超過六萬五千名棉條消費者，寄送一封「客製化」電子郵件，裡面包含提及消費者名字或暱稱的YouTube影片連結。影片中一名性感歌手在草地上眺望大海，以低沉有磁性的嗓音念著你的名字，然後向鏡頭前的你吹送一把玫瑰花瓣，這些花瓣會拼出你的名字！男子彈奏著鋼琴，深情地唱起一首歌：「我知道我們走了，讓你失望了，我們非常抱歉！真心非常抱歉！」他邊唱邊撕開一邊的袖子，露出手臂上的「對不起」刺青，然後撕掉另一邊袖子，露出你名字的刺青。然後他向空中放出一隻白鴿，牠在熱氣球旁邊振翅飛翔（熱氣球上面當然也寫著你的名字）。「你應該得到最好的和更多的服務。」性感歌手直視著我們的眼睛唱道：「請帶著這張優惠券去商店吧。」然後收信者就會看到一張優惠券。

這段影片成功讓女性消費者積極轉發道歉郵件，十五年過去了，o.b.量多型棉條依然在貨架上。幹得好，o.b.！

所以說，只要企業願意的話，他們絕對可以做出成功的道歉，只是這件事並不總是值得他們多費心思。這並不是因為道德有缺陷之故，企業並不是人類，在商言商才是他們的習慣。

嗚嗚！那是警察拒絕道歉的聲音

在道歉方面，警察機關與公司至少在一個關鍵方面有所不同：公司通常認知到他們應該向消費者道歉，但有意識地做出「道歉並不值得做」的決定，而警察機關大多認為自己不應該道歉。

對於警方道歉和問責的擔憂並不是新鮮事了。早在一九八二年，《洛杉磯時報》報導說，每十五個人中有十二個人死於被警察弄到窒息的人是黑人，當時的洛杉磯警察局長蓋茨（Daryl Gates）回應說，他正在尋求研究來證實他的「預感」，也就是黑人的靜脈和動脈「不像正常人那樣地暢通」。

蓋茨拒絕為自己的言論道歉，認為自己已表現出「高度的敏感性」。他在警察委員會的聽證會上表示：「我完全沒有必要為我的想法道歉。但我非常想為我表達的方式道歉……『正常人』這個用詞不當，我的意思是指血液經由動脈流向大腦的功能正常的人。」他又說，「我遵循的是我認為富有同理心的做法。」這話還說得真好聽啊。

警察經常感覺受到大眾誤解，皮尤研究中心的一項全國研究顯示，超過百分之八十的受訪警員認為社會大眾不了解警察工作的風險，但有同樣比率的民眾表示自己了解這個職業面臨的風險。至於談到警察誤殺黑人的議題，百分之六十七的警察（對比百分之三十九的民眾）將這些案件視為「獨立事件」，而不是警察體系的整體問題。

皮尤研究發現，談到抗議警察暴行的示威活動時，只有百分之三十五的警察認為抗議活動的動機是為了督促警方正視問題所在，但有百分之六十五的民眾認為問責是發起抗議的原因之一。如果只看白人受訪者，就會出現更明顯的分歧：只有百分之二十七的白人警察如此認為，但非警察身分的白人受訪者卻高達百分之六十三。要知道，這項民調於二〇一七年時進行，當時還沒有喬治・弗洛伊德和布倫娜・泰勒遭誤殺這樣轟動全國的新聞，也沒有「黑人的命也是命」運動，我們只能說，也許現在白人警察和社會大眾之間的距離更遙遠了。

有些警察嘗試正視歷史，二〇一六年麻州一名警察局長坎寧安（Terrence M. Cunningham）在國際警察局長協會的年度大會上表示：「過去幾年發生的事件引起許多人對我們警察行為的質疑，並且悲慘地削弱了社會大眾對警察部門必須和應該擁有的信任。」他的聲明已經出現很多NG之處了，像是「事件」、「引起許多人的質疑」等模糊的說法，而「悲慘地」似乎指的是發生在警察身上的事情，而不是指死在警察手中的人。

坎寧安繼續說：「執法職業的歷史充滿了勇敢、自我犧牲和為社區服務的例子，與此同時，很明顯警務歷史也有過黑暗時期……」他接著提到法律「要求警察執行許多令人不快的任務……雖然情況已不再如此，但我們共同歷史的陰暗面在許多有色族裔社群及其執法機構之間造成了幾代人承續下來的不信任」。坎寧安言下之意是責怪立法者，而不是警方本身，他也將對警察的不信任稱為「承續」，彷彿這一切都是單純靠DNA繼承而不是因為不愉快的生活經歷所引起的。

坎寧安說：「雖然我們無法改變過去，但顯然我們必須改變未來……對我們來說，第一步是執法部門和國際警察局長協會承認過去的行為，以及我們的職業在歷史上不當對待有色族裔所扮演的角色，並為此道歉。」NG行為：強調一切都已經過去了。他最後總結道：「我希望，透過共同努力，我們能夠打破這種歷史性的不信任循環，為我們所有人創造一個更美好、更安全的未來。」「共同努力」和「不信任循環」這樣的說法，讓雙方都得對這種緊張的關係背負起責任。唉，我們已經討論過，失敗的道歉比不道歉更讓人憤怒。

所有來自警察的成功道歉都很重要

根據研究顯示，警察的成功道歉能夠產生真正的影響，由三位研究人員於二〇二〇年發表的一篇論文〈透過道歉、承認或兩者之警察與社群的協調〉中指出，「如果警方想要爭取最不可能信任警察的人的合作，他們應該承認自己需要負起不被信任的責任，並結合道歉」。

歐布萊恩（伊利諾伊大學心理學家）、米爾斯和泰勒（均為耶魯大學法學院教授）這三位研究者發現，在警察傷害無辜民眾的事件發生之後，警方高層每次發表公開聲明都會頻繁地提到大眾對警察的「不信任」。他們深入研究了這些聲明是否願意承擔不被信任的責任，以及是否願意道歉所造成的後果。有證據強烈顯示，對最不可能信任警察的人來說，結合「承認責任」和「道歉行為」最能挽回警方的形象。成功的公開道歉對於建立信任非常有幫助。一味否認問題的存在，只會「進一步擴大民眾與警方的距離，使他們更難從中受益」。

可悲的是，很難找到成功的警方道歉。不過，論文中提到了一個很好的例子。

二〇一三年，阿拉巴馬州蒙哥馬利市的警察局長，針對該警察局在一九六一年對爭取種族平權的社運團體「自由乘車者」不當執法一事，向非裔眾議員劉易斯（John Lewis）道歉。局長墨菲（Kevin Murphy）摘下警徽說道：「這是權力的象徵，也曾經是壓迫的象徵，需要成為和解的象徵。」他將徽章遞給劉易斯：「議員先生，這是一種謝意，因為你改變了這座城市，你改變了這個州，你改變了這國家，你改變了這世界，對此我們深表感激。」劉易斯感動得流下了眼淚。

劉易斯稍晚受訪時表示：「我曾被逮捕並入獄大約四十次，但從未有警察主動道歉。我今天之所以哭，是流下了感激的淚水，我想我們已經走到了這一步。今天這名年輕的白人警察，現任的蒙哥馬利市警察局長，五十二年前的事件發生時，他根本還沒有出生——但他從衣領上取下徽章給了我……我一整天都把它放在口袋裡。」

墨菲局長也言出必行，致力於改變該市警察體系的制度文化，像是為整個警隊開設了一門名為「歷史名城警務」的必修課程，分析警察局在民運時代的決策和執法行動。「這是一項教育工作，目的在向我們的警官，尤其是那些非常年輕的警官傳達一個訊息：我們不能重複過去的錯誤。」墨菲後來受訪時道歉，內容並不完美：「這是嶄新的一天……現在，大家一起工作的時間比過去在歷史上我國、我們州和我們城市任何時候都要多。我們需要放下向前看。」

正如我們在本書其他地方指出的那樣，「放下向前看」並不是道歉者可以說的一句話，只有受害者才能決定何時放下向前看，但如果墨菲的道歉對劉易斯議員來說能夠接受，那麼我們也願意引用它。有力的道歉並不能抹殺過去，不能神奇地解決美國長期存在的種族問題，但可以幫助我們有意義地展望未來，不再堅持認為現在一切變得更好了，所以就讓過去的事過去吧。

墨菲可能為他的道歉付出了代價，第二年，市長拔除他的官職，當時他在警隊工作了二十八年，卻只擔任三年的警察局長，許多居民認為這是因為他對劉易斯議員所說的話。幸運的是，墨菲立即被蒙哥馬利縣治安官辦公室聘用，截至撰寫本文時他仍在該辦公室工作。

藍牆[3]上的裂縫有時光線照射進來

另一份遲來的警方道歉，起因於男子萊恩・史托克斯二〇一三年遭到警察射殺。

3　「藍牆」是用來指一九九二年至二〇一二年每次總統大選中，民主黨獲勝的十八個州和哥倫比亞特區的術語。

官方說法是史托克斯被控盜竊，隨後發生了武力對峙，警察被迫朝他的胸膛開槍。後來案情出現意外轉折，一開始指控史托克斯偷走iPhone手機的醉漢在清醒之後，表示並沒有看到別人拿走他的手機，應該是他自己不小心掉在哪裡。事實也證明史托克斯身上並沒有武器，而且早在湯普森警官從他背後開槍時，他已經向另一位斯特勞布警官表示不會抵抗了。

這些消息過了一段時間才公布出來，與此同時，警察局還表揚了湯普森警官。直到斯特勞布警官在史托克斯悲痛的母親提起的民事訴訟中作證，真相才得以揭曉。官司打了四年後，湯普森的表揚遭到撤回，但史托克斯太太也沒有勝訴。法院表示湯普森有理由認為他攜帶武器，而堪薩斯城警察局的發言人表示：「事件的結果對於家屬和所有相關人員來說都是非常悲慘的。我們對史托克斯先生的家人所經歷的痛苦感到抱歉。」這並不是道歉，甚至連失敗的道歉都不是。

兩年後，斯特勞布被警隊開除，他認為這跟自己在法庭上指證自己的同僚有關。失業後，他聯繫了史托克斯太太，向她道歉：「我對萊恩的遭遇感到非常抱歉。」他們雙方有了更進一步的交談，史托克斯太太表示「大吃一驚」，對此頗受感動，她說：「我簡直不敢相信。」

斯特勞布告訴當地電視台，身為一名正直的執法人員，他認為自己有需要向史托克斯太太道歉：「我覺得全國各地的警察部門都缺少一些更重要的東西，那就是同理心，以及看到每個人優點的能力，不管對象是誰。」值得注意的是，斯特勞布仍在警界時並沒有與史托克斯太太聯繫，這似乎暗示了一些內情，而且他個人的道歉也比官方道歉要好得多。

尋找更多成功警察道歉的理由

我們很難找到成功的執法人員道歉的例子，這並不奇怪。除了已經討論過的因素之外，還有幾個因素影響了警察部門好好道歉的能力。一項研究顯示，當警察遇到他們認為不尊重自己的人，會視之為對他們男子氣概的威脅，警察暴力實際上是解決身分威脅的一種方式。而另一項研究發現，一旦警察被認為是種族主義者或執法行動基於其他非法動機，反而更容易促使警察使用暴力，這是一個惡性循環。

阻礙執法部門道歉的另一個因素是，對於警察的指控往往在進入法庭之前就被駁回……甚至就算內部懲處定案，也往往不能拿這些犯錯的警察怎麼樣。如果你的行為不需要面對後果，那為什麼要道歉呢？

以紐約市為例，即使初審法官發現紐約警察局的警察濫用權力，即使相關委員會調查，並發現受害者的指控有理有據，又或者警局內部的法官在審視證據和聽取證詞後向被告警察做出裁決，該市警察局長仍擁有最終決定權。如果他不認為警察應該受到懲罰，他們就不會受到懲罰。

根據犯罪學家史汀森（Philip M. Stinson）的一項研究顯示，警察很少被判過失殺人或謀殺罪。他研究一千四百名執行公務時施行暴力而被捕的警察案例，因過失殺人或謀殺罪名被逮捕的人當中，只有百分之五十被定罪。相較之下，被指控犯有這些罪行的平民定罪比率為百分之七十。那些被控不當槍殺的警察最終定罪的罪名往往也比較輕微，這麼看來，他們當然無意為不太可能承擔的刑責的行為道歉。

大量證據顯示，執法人員能被視為他們所服務的社群一員，就更有可能得到大眾的信任，更有能力完成自己的工作，更有可能獲得身旁的人的合作、支持和參與。然而，目前民眾普遍認為警方有濫用權力的問題。

另一方面，警察也被要求從事他們沒有受過充分培訓的工作。研究顯示，高達九成的報案理由都是非暴力事件，如果這些事件交由接受過專業緩和衝突訓練的人會不會更好？如果納稅人的錢能多用於那些改善心理疾患、成癮問題和流離失所等系統性問題的社會服務，又會如何呢？又或者可以採取雙管齊下的方式，培訓警察認知到所有人都會有偏見，以及好好道歉的方法，同時對症下藥，不要讓他們陷入必須頻繁道歉（又做得很失敗）的困境。這樣做，應該更能促進真正正義的伸張吧。

道歉觀察家對錯誤表示遺憾

記者傾向「對錯誤感到遺憾」而不是道歉。新聞媒體業中每次有人被踢爆犯了什麼錯，當事人通常會請公司代表個人發言，長久以來都是這樣。聲明的語氣很正式，給人的感覺更像是種儀式，不夠真誠。即便當事人自我檢討了，讀者和觀眾通常也不會得知。

大多數記者都被教導要採取中立立場，站在較高處俯看整個事件，好比一團美麗無爭的雲彩，盤旋在那些有著偏見和強烈信念等缺失的凡人頭上。媒體人往往沒有認知到「完全沒有自我意見」是不可能的事，而且實務上來說也不可取。舉例來說，有些媒體不會讓曾經遭受性騷擾或性侵犯的記者負責涉及這項議題的報導。有些媒體則是堅持要報導「雙方」的言論，即使其中一方有長期撒謊或扭曲事實的紀錄。想要給予所有觀點同等的分量並不恰當，因為有些觀點就是違反科學理性。如果一名記者的消息來源具有明顯的立場，那麼就不該假裝它是「中立客觀」的言論，這也是醫學期刊會要求撰稿人揭露研究資金來源的理由。

媒體人也是人，所以對於被點名犯錯的第一反應是架起防禦心，我們想捍衛自己的工作。「我知道記者、編輯和參與團隊承受著巨大的壓力，既要讓觀眾了解情況，也要增加內容的流量。」波因特研究所擔任多元化培訓總監的資深媒體人桃樂絲・圖昂（Doris Truong）寫道：「我是負責撰寫即時新聞稿的人，負責將即時突發新聞發送到數百萬台裝置上，但今後我們都必須做得更好。」

做得更好代表理解並讓讀者明白消息來源有自己的立場，做得更好也代表主動尋找不同的消息來源，而不是只跟固定的幾位合作。還有不要將那些有權有勢的人和機構的聲明當成事實來報導，同時有意識地提供完整的事件脈絡，而非斷章取義搶流量，並了解無論如何報導都會有偏頗之處。

當記者過度簡化事件、沒有提供足夠的背景資料或檢討受害者時，我們所有從業人員都必須承擔責任。我們可以選擇要關注受害者還是加害者，如果我們的新聞焦點只放在受害者的穿著、職業或是否喝醉酒，那麼我們就需要為這樣的取材偏好道歉。媒體發展得很快，但是犯錯時我們仍然需要停下來好好地道歉。藉此機會教育讀者並承認我們的失誤可說是至關重要，大家都有權利知道新聞都是怎麼製造出來的。

請原諒我，信眾們，因為我犯了罪

對於宗教團體和神職人員來說，做出成功的道歉會遇到什麼樣的障礙？

誠如我們所指出的，強大的組織往往不想放棄權力，道歉絕對會放棄權力。若你身為某個信仰領袖、自認代表上帝說話，這樣要怎麼承認上帝犯了錯？上帝是不會犯錯的！這種心態與「公正世界謬誤」有關：如果上帝是公正的，世界也一定是公正的，人會受苦一定是有原因的，那是他們活該。又或者我們只是不明白上帝的安排，這些受苦的人如果是善良的人，他們會在來世找到安慰。

「信仰全能的上帝」跟信仰權威是相關的議題，而這也是阻礙人類好好道歉的另一個因素。此外，宗教領袖絕大多數是男性，第十章中將會討論到男性通常認為自己的行為跟女性相比，更不需要道歉。

宗教團體往往不習慣受到質疑和保持一定的公開透明，許多團體都有隱瞞多年、見不得光的醜聞：虐待、偷竊、將嬰孩帶離家人身邊、強迫殖民地人民放棄原本的語言和文化。有些組織會一邊私下為神職人員的性侵害罪行道歉，但一邊把這些性侵犯調到新的教區，他們很快又會伸出狼爪。

不過還是有宗教團體願意道歉。美國和加拿大的耶穌會會士為了解決過去販賣奴隸的歷史，經歷了一段內部紛爭。二〇一七年，耶穌會教團和耶穌會創辦的喬治城大學正式對參與推行奴隸制一事道歉。喬治城大學校長表示：「我們對於曾經參與奴隸制，並從中獲得利益之事鄭重地懺悔。我們不能隱藏這個事實、埋葬這個事實、忽視這個事實。奴隸制仍然是我們國家的原罪，而我們的大學也是這項重大惡行的同謀。」超過數百名被奴役者的後代參加了道歉儀式，許多人流下了眼淚。二〇二一年，耶穌會誓言為這些被奴役者的後代以及全北美的種族和解運動募集一億美元的資金。有其他團體也試著為過去與奴隸制同謀一事道歉，一些大學重新命名校內以著名奴隸主命名的建築物，並針對身為受害者後代的學生設立賠償基金和獎學金。

所有團體如果願意的話都可以好好道歉並彌補，不論是團體或個人，道歉規則是一樣的：說聲抱歉，說出你做錯的地方，表示你了解其影響，不要找藉口或怪罪他人，盡可能地改正，盡可能地做出賠償。如果一個團體傷害了某個人，其代表需要私下和公開道歉。可悲的是，正如我們所看到的，有多種因素阻止各團體機構做出正確的選擇。

行動項目

- □ **你搞砸了嗎？**思考長遠的解決方案，而不是只著眼於挽回公關形象。
- □ **你是團隊領導者嗎？**或是家長、同事？鼓勵身邊的人（不論是職場或家庭）進行誠實的溝通，當有人無心犯錯時，不要嘲笑他們，也不要甩他們耳光，而是考慮如何機會教育。
- □ **學會承認並接受自己的感受和偏見。**當你需要道歉時，不要躲在你的權威或職位頭銜後面。
- □ **為周圍的人樹立行為榜樣。**以身作則，公開為自己的錯誤承擔責任，每次犯錯都請你好好道歉。

糟糕的道歉賓果卡 #4
企業版

本來可以做得更多	任何推論	重新聚焦	不分種族	我們的立場是……
失望的	我引以為豪	被當作	這項認知	造成麻煩和不安
公開／曝光	這種情況	**自由填空**	被爆料	向前看
向顧客做出的承諾	被認為是	因分心而造成……	無意中	可能造成
令人遺憾的	不是故意的	我們的價值	不足之處	引起我們的注意

CHAPTER

07

政府對這一切的失敗感到悲傷：

如何做出政治道歉

前面章節已經討論過個人和公司如何道歉，現在我們來看看政府如何道歉。礙於篇幅，我們無法深入探討為歷史事件道歉或那些尚未發生的政府道歉——而我們希望終有一日受害者能等到這些道歉。

政府的道歉有的是針對剛發生的事情，有的是針對很久以前犯下的錯誤。我們可以為我們前人所犯的罪行道歉嗎？我們為什麼要這樣做，又該如何做？

世界各國政府的下跪認錯

一般來說，各國政府在道歉方面表現得都很糟糕，因為政府比一般名人或企業更執著於維持形象，政府就像總是在照鏡子，希望能從最好的那個角度拍照，再高薪聘請頂尖團隊進行幾乎所有想得到的美化和修圖。

政府往往會出於驕傲、恐懼和權力而迴避道歉這檔事，官方領袖可能會出於自負而避免道歉。政府常會懼怕開啟道歉的先例，許多人會訴諸粗糙的愛國主義尋求民眾支持，並擔心道歉會冒犯民族自豪感而降低支持度。確實有些民眾希望他們的國家永不道歉，認為政府的道歉是對自身優越感和愛國情緒的間接打擊。

我們認為各國是有能力發表令人民感到驕傲的道歉，就像一般人也能做出成功的道歉一樣。國家應該像個成熟大人一樣抬頭挺胸地採取行動，而人民也應該為國家這樣做而自豪。

事發當時我不在場

當談到為遙遠的過去發生的事情道歉時，你有時會遇到一些爭論點，認為國家責任是繼承而來的。例如，已故的美國前大法官安東寧・史卡利亞（Antonin Scalia）曾表示，他沒有義務為奴隸制伸張正義，因為他的父親是在那段歷史之後才來到美國的義大利移民，不曾參與種族剝削，也沒有從中賺取不法利益。這個說法漠視了歷史的連續性，簡直是無稽之談，奴隸制及其影響深深刻在這個國家的歷史中，我們沒有人能聲稱自己完全擺脫它的影響。簡單舉個例子，史卡利亞就讀喬治城大學，該校早年的資金來源正是由奴隸負責耕種的農園，而一八三八年喬治城出現債務和現金短缺的問題，於是販賣兩百七十二名奴隸（其中包含兒童）換取經費。光憑一句「我們才剛抵達這裡，什麼也沒看到！」並無法抹去史卡利亞從過往的奴隸制受益的事實。

幸好並不是每個人都如此急於擺脫責任。二〇一九年，喬治城大學的學生舉行了一次校園公投，希望為這兩百七十二名被奴役者的後代繳納學費，作為補償。有三分之二的學生投了贊成票，但隨後被學校董事會擱置一旁。

當然，當年親自參與美國奴隸制的人如今都已不在世上，而當年參與美國獨立革命的人同樣也無人在世。按照同樣的標準來看，否認自己與負面歷史事件有連結，卻又積極為自身與正面歷史事件尋找關聯，豈不是很不合邏輯。人類傾向於慶祝好事，遺忘壞事。我們對國家歷史中那些帶來喜悅的部分大舉慶祝，卻不承認我們有義務為那些帶來羞恥感的部分道歉。

我怎會知道這個？

關於奴隸制，美國人在學校裡沒有接受到充分且正確的教育。例如二〇一五年某個版本的高中地理教科書指出：「十六世紀至十九世紀之間，大西洋的奴隸貿易將數百萬工人從非洲帶到美國南部，在農園工作。」認真的嗎，工人？二〇一〇年德州的社會科課綱進行修改，刪除「奴隸制」是南北內戰的核心原因，導火線改成是「國家權利」之爭。這個新課綱也沒有提到後續三K黨崛起的歷史或種族隔離制度的存在，直到二〇一八年才增修相關資料。放諸全美都有類似的問題，難怪皮尤研究中心二〇一一年的一項民調發現，百分之四十八的美國人認為南北內戰起因是為了各州的權利，而認為奴隸制是起因的人為百分之三十八。

奴隸制只是美國需要向黑人道歉的眾多事情之一，其他事件包括土爾沙種族大屠殺（Tulsa race massacre）。很少有美國人知道這事件，就連事發地土爾沙也是等到二〇二二年才開始在當地的公立學校教授相關內容。

一九二一年五月底有一群白人暴徒使用機關槍和燃燒彈襲擊了土爾沙的一個黑人社區，殺死三百人，燒毀了四十個街區，並導致八千人無家可歸。倖存者富蘭克林（Buck Colbert Franklin）寫了一份目擊紀錄，現收藏於華盛頓特區的國家非裔美國人歷史和文化博物館中。他寫道：「可怕的火焰咆哮和噴出，分岔的舌形大火熊熊燃燒吞捲天際，濃濃的黑色濃煙直搗天空，包圍四周，我看到有飛機飛來——現在有十幾架或更多——嗡嗡作響，飛來飛去，就像天生的空中鳥類一樣敏捷。」

格林伍德街區也被稱為「黑人華爾街」，這裡當時相當繁榮，因為美洲原住民和非裔美國人在以前被認為毫無價值的土地上發現了石油，這導致當地白人的憤怒。部分擁有私人飛機的白人暴徒甚至從機上掃射。居民期盼的救援並沒有到來，富蘭克林寫道：「整整四十八小時，大火肆虐，燒毀了沿途的一切。如此驕傲、富足的黑人的土爾沙就這樣被大火燒毀了——但燒毀的只是建築物和財產，它的精神既沒有被殺死，也沒有被嚇倒。」

事後沒有人因參與這場大屠殺而被定罪，白人社群甚至口耳相傳事件起因是一名黑人男孩試圖性侵白人婦女而引發的。陪審團也相信這樣的謠言，認為都是黑人社區有錯在先，沒有任何居民因財產損失獲得賠償。

在隨後的幾年裡，官方對土爾沙的事件有很多深切的遺憾，但真正的道歉卻很少。州長、市長、州眾議員和土爾沙警察局長等人都有道歉，也算道歉得頗有誠意，但仍然沒有任何官方補償，而補償是成功道歉最重要的部分。二〇〇一年，土爾沙種族暴動委員會（這個名字也不妥當，該事件根本不是暴動）建議對倖存者及其後代賠償，設立獎學金，並在格林伍德建立經濟發展企業區，也要建一座紀念館。時至今日，紀念館是蓋成了，但州政府拒絕支付任何賠償，宣稱這樣做是「違憲的」。倖存者嘗試向美國聯邦法院提起訴訟，但聯邦政府表示賠償時效已過，國會多次想廢除時效限制，但目前尚未成功。

土爾沙的事件並非特例，加州聖荷西市二〇二一年為一八八七年燒毀唐人街的事件做出道歉決議。決議宣稱：「對嚴重不公正行為的道歉不能抹滅過去，但承認歷史上的錯誤行為可以幫助我們解決美國當今面臨的種族歧視問題。」有位余康妮是倖存者後代，她的祖父當年順利逃離唐人街，她說市府的道歉給了她「一種巨大的和解感和平靜感，這已經超出了道歉的範疇，這是承擔責任，對她來說是一件美好的事情。」這篇道歉還承認偏見和歧視並不都是「已經過去的事」。聖荷西市長表示：「這次和解……提醒人們繼續為建設更具包容性的社會而努力。」

美國的兩大歷史罪過是不當對待美洲原住民和黑人，政府會針對這些問題做出真正的道歉、承認和賠償嗎？雖然不太可能很快地實現，也不容易，但不是不可能。唉，只能說當錯誤行為越輕微，補救手段就越能實現。

出色的公開道歉

美國前總統比爾・柯林頓曾針對「塔斯基吉梅毒實驗」一事道歉。從一九三二年到一九七二年，美國政府在沒有正當告知實驗細節的情況下招募六百名黑人民眾參與梅毒研究，可說是昧著道德良知對待這群受試者。他們被告知正在接受「壞血」治療，並獲得免費膳食、免費體檢（但不包含醫療行為）和免費的後事處理。不久之後，醫藥界證實青黴素是治療這種疾病的最佳方法，但梅毒實驗的負責團隊從未提供這項藥物給受試者——其中三百九十九人可是梅毒確診者。團隊也從未向這群受試者提供退出研究的選擇，只是一味地觀察疾病的自然進展，並任由這些病人死去。

「塔斯基吉梅毒實驗」進行了快四十年之後，才終於有兩個人揭發了這樁不人道的事件。比爾・詹金斯（Bill Jenkins）是美國公共衛生服務部的一位黑人統計學家，他發現了這項研究，並試圖引起記者關注，但沒有成功。流行病學家彼得・邦斯頓（Peter Buxtun）從同事那裡了解到這項實驗，並決定把相關資料洩漏給《紐約時報》。事件曝光後，美國政府向受害者提供一千萬美元的賠償金、終身醫療福利和喪葬服務，這些福利後來也適用於受害者的妻子、遺孀和子女。最後一名倖存者於二〇〇四年去世，最後一名遺孀於二〇〇九年去世。據疾病管制與預防中心表示，至今仍有十一名後代在世，並享有相關醫療福利。

我們認為政府的經濟賠償與其所犯錯誤不相稱，然而柯林頓於一九九七年的道歉是成功、恰當的。他向倖存者和家屬發表了一篇道歉聲明：

美國政府做了一些錯誤的事情——在道德上是極其錯誤的，這是對我們承諾誠信和平等對待所有公民的一大侮辱。

對倖存者、對他們的妻子和家人、孩子和孫子，我要說的是你們所知道的：地球上沒有任何力量可以恢復失去的生命、遭受的痛苦、多年的內心折磨和痛苦，已經發生的事是無法挽回的，但我們可以結束沉默，我們可以停止視而不見，我們可以看著你的眼睛，最後代表美國人說：

各位，美國政府的所作所為是可恥的，我很抱歉。

美國人民對於你們蒙受的損失和多年的傷害感到抱歉，你們沒有做錯什麼，卻受到了極大的委屈。我很抱歉，很抱歉這個道歉已經遲到太久了。

對於梅肯縣，對於塔斯基吉，對於那些因此事件遭到誤會的醫療人員，我們也向你們道歉。對於我們的非裔美國公民，我很抱歉你們的聯邦政府竟然精心策劃了一項如此明顯具有種族歧視的研究，我們絕不能允許這種情況再次發生，它違背了我們國家所主張的一切，而我們也必須堅決譴責這項實驗。

在道歉期間，柯林頓向倖存者和其家人做出了具體承諾，他似乎很尊重他們。他發誓要建造一座紀念館（塔斯基吉歷史中心於一九九八年開館），立法要求加強研究人員的生物倫理學培訓，並為非裔美國生物倫理學家設立博士後獎學金。

二〇一八年的一項研究發現，塔斯基吉實驗造成的傷害遠遠超出原本預期的範圍：「我們發現這項研究的內幕曝光，與老年黑人對醫療不信任、死亡率增加以及減少跟門診和住院醫生的互動有正相關。根據估計顯示，這件事讓黑人男性四十五歲時的預期壽命平均下降了一．五年……」此外，有鑑於疫情期間美國民眾對於疫苗等醫療措施的高度不信任感，塔斯基吉事件直到今日仍可能持續奪去性命。

國家可以直接向另一個國家道歉（對不起，我們擊落了你的客機），可以向某些人民道歉（對不起，我們過去否認你們的存在，並擅自出售你們居住的土地），可以為遙遠的歷史事件道歉（對不起，國家迫害你們的祖先），也可以為最近發生的事件道歉。

法律學者瑪莎・米諾表示，當各國討論如何應對過去的罪行時，他們「會在歷史（真相）、神學（寬恕）、正義（懲罰、補償和威懾）、治療（治癒）、藝術（紀念和騷亂）和教育（記取教訓）等修辭之間徘徊」。其中許多遣詞用字與道歉無關，當然更別說要構成成功的道歉了，政治學者韋納（Brian Weiner）就曾說神學修辭「可能將政治不當行為定為罪孽，並將個人置於有罪或清白的角色中。道歉就是承認自己有罪。」人很容易認為，我沒有這樣做！這是我不會做的事情！你怎麼敢以我的名義道歉？

沒有犯罪與沒有責任是不同的事，韋納說，一個成功的全國性道歉可以是政府宣布他們已經做出改變，一種「已向過去受害的人們伸張正義的政府形式」。

事情之所以發生是當年社會風氣不同

讓我們比較一下兩國政府對類似罪行的道歉：美國政府和加拿大政府在二戰期間都曾監禁日裔公民，兩國都需要為此事道歉。這邊先說明一點背景資料，日裔美國人和日裔加拿大人都可以被稱為日僑（Nikkei）。兩國通常以「收容」來稱呼二戰期間對待日僑的方式，但追蹤和記錄這些事件的組織「傳承」（Densho）認為「拘留」或「監禁」更符合事實。

前總統雷根拒絕向二戰期間被監禁的日裔美國人道歉和賠償，他想出了各式各樣不這樣做的理由，最奇怪的一個理由是「從來就沒有監禁一事」。他曾對友人表示，他不相信日僑是被迫帶進集中營，他們應該是「自願」去難民營的。（什麼？我們能想到的最好解釋是，雷根認為日僑想要被關起來，以免受到暴徒攻擊。）

我們作者兩人的學生時代都沒有學過這段歷史，我們的孩子在學校裡也沒有學到，許多非日裔美國人根本不知道這段可恥的歷史，直到演出知名影集《星艦迷航記》的日裔演員喬治・武井（George Takei）公開分享家人的故事，才開始引起大眾的關注。

珍珠港事件發生後，有十一萬名日裔美國人被集中起來送往集中營，直到終戰才獲得釋放。集中營由武裝警衛看守，這些日僑的財產被沒收，許多人失去了家園和生意，或是遭到賤價拋售。他們絕大多數都擁有美國身分，但那個時候政府並不在乎他們也是美國公民，他們不管怎麼做都無法證明自己對國家的忠誠。這些集中營主要位於西海岸，但美國各地都有。

一九四二年，喬治・武井五歲時全家人在洛杉磯的家中遭到逮捕，先被關進馬廄，然後再送到阿肯色州一處被鐵絲網包圍的營地（小喬治還天真地認為鐵絲網是為了防止恐龍闖入），最後又被轉送到加州的另一個營地。他母親是土生土長的美國人，他的父母都是有正當工作、好好納稅的公民，這些事實都遭到刻意忽視。等一九四五年全家獲得釋放後，他父母的乾洗店、銀行帳戶和房子全都憑空消失，一家人無家可歸，在洛杉磯的貧民窟生活了五年。

至於那些反對這種違憲、非理性的政府暴行的人也被無視。蘇珊有位親戚當時在洛杉磯念高中，親戚說憤怒的學生團體為了抗議政府的行為，一致推選一名日僑二代擔任學生會主席，但這名學生和他的家人也難逃被送往集中營的命運。

負責這項工作的是德威特將軍（John L. DeWitt），他是一名雄心勃勃的種族主義者，希望能拘禁更多的日裔美國人、義裔美國人和德裔美國人，他告訴羅斯福總統，從未發現日僑有任何破壞行為，這一事實「是令人不安且明確的跡象，顯示他們將採取此類行動」。（翻譯：他們什麼都沒做？這證明他們正在醞釀更大的陰謀！）

德威特想拘禁更多義裔美國人和德裔美國人的想法未能實現，於是他改採嚴格的宵禁政策，但這並沒有持續太久，部分原因是有許多義裔美國人從事漁業，軍隊需要魚罐頭作為食物。另外，雖然沒有明說，但這兩個族裔都是白種人。另一個鮮為人知的動機是，日僑農民使用從日本引進的方法，成為非常優秀的農民，引來許多非日僑農民的不滿。據學者研究指出，最早呼籲監禁日僑農民的是來自加州農場的遊說團體。珍珠港事件發生後數小時，他們便派出代表前往華盛頓捍衛自己的利益。拘留西海岸這麼多最優秀農民的結果是什麼？糧食生產短缺，因此需要「勝利花園」——即家庭菜園來補足產量。二戰期間美國人消耗的蔬果有三分之一來自勝利花園。

儘管如此，仍有約三萬三千名日裔美國人投入第二次世界大戰。除了少數人之外，他們不允許在太平洋戰區服役，但德裔美國人和義裔美國人可以在歐洲服役。超過一萬四千名日僑士兵在歐洲的第四四二步兵團服役，參與解放法國、解放達浩集中營等重要戰役，他們很英勇，卻被毫不在乎地利用。步兵團的許多士兵認為上級把他們當作炮灰，有一次長官下令全員集合參加授勛儀式，對於分發到K連的四百人中只有十八個人出現感到火大。連長回答：「K連只剩下這些弟兄了，長官。」

美國基本原則的「倒退」

一九四八年至一九五五年間，有些受害者獲得了財產損失的賠償，但並非因為被政府誤認有叛國之嫌，而是基於《日裔美國人重新安置賠償法》。一九七六年，福特總統認為美國建國二百周年紀念是撤銷導致日僑被監禁的行政命令的好時機。他說：「誠實地清算必須同時包括承認我們國家的錯誤以及成就。」他稱當年的監禁政策是美國基本原則的倒退，並表示應該承諾「這種行為永遠不會再重演」。

對於「尋求補償」一事，日僑之間也存在不同的看法。「我們帶著羞恥感和罪惡感走出這些集中營，因為自己被認為是叛國賊。」推動平反運動的領導人物之一約翰·立石（John Tateishi）接受採訪時表示，大多數日僑家庭從未談論過這段經歷。「沒有抱怨，沒有大型集會或伸張正義的要求，因為這不是日本式的做法。」然而，隨著時間的推移，許多人從民權運動的成功中獲得了鼓舞，雖然許多上一輩的日僑想要忘記這段歷史，但其他人則願意為了下一代站出來爭取。

「日本文化中有句話的意思是『為了下一代著想』。我們之所以開展這項活動，與此有很大的關係。」立石說：「這是我們遺留和傳遞給下一代和整個國家的訊息，那就是『你可以犯錯，但你也必須糾正它，透過糾正它，希望未來不再重蹈覆轍。』」

針對專門委員會調查結果而制定的法案被稱為H.R.442，其中建議政府道歉、成立信託基金以及向每名受害者提供兩萬美元的賠償。當時的總統雷根不喜歡這些建議，並為他個人好惡找到了一些支持的力量，比如有一名參議員提出了這樣的論點：

那些在「珍珠港幾乎被摧毀」時尚未出生的美國人，沒有責任要支付賠償金。該議員甚至表示自己打算提出另一項修正案，除非日本政府先賠償珍珠港事件受害者的家屬，否則這些日僑的賠償將不得核發。還好另一名加州眾議員諾曼·峰田（Norman Mineta）指出了這做法的愚蠢之處：「這項法案與日本當局或日本人民無關，它涉及的是當年美國政府如何對待自家的公民。」

懷俄明州的參議員瓦洛普（Malcolm Wallop）也打算來搞破壞，聲稱自己考慮要添加另一項修正案，「在美國政府也對血淚之路[4]受害者的後裔進行公平補償之前，不得針對此議題撥款」。瓦洛普實際上並不是在為原住民後代尋求正義，我們認為他是在說：「不要給他們正義，因為那樣每個人都會想要正義，而且你知道你不想補償那些原住民。」他希望使H.R.442法案脫軌，但這段潛台詞中隱藏著一個好主意，每個人都應該想要、並得到正義。

4 Trail of Tears，又名眼淚之路，是指十九世紀迫使美國原住民從東南方的家鄉，集體遷往政府劃定在密西西比河西岸印第安領地的一系列強制性人口遷移。原住民在遷移過程中挨餓受凍和疾病侵襲，許多人在到達目的地之前就已死亡，並對傳統文化造成不可逆的破壞。

如果我道歉了面子往哪裡擺？

雷根曾告訴幕僚，進行經濟賠償會讓他看起來像他競選時反對的「揮金如土的自由主義者」，認為福特總統一九七六年的聲明已做出充分說明。他一直認為日裔美國人進入難民營是自願的，也許整件事只是民主黨的陰謀，目的是讓他難堪！雷根的疑慮被透露給一位平反運動家兼受害者氏房先生（Grant Ujifusa），氏房寄送了其他受害者的信件、照片和請願書，向雷根總統保證「我們並非自願離開我們的家園、社區和工作」。氏房提到了一九四五年為第四四二步兵團的軍官──增田一夫舉行的追悼儀式，當時的「雷根上尉」在典禮上發表一席動人的演說，增田的妹妹也撰文讚揚雷根當時的「英雄言論」。（有趣的是，關於雷根當年的演說內容究竟為何，始終沒有明確的證據，甚至有許多不同版本。）

雷根後來被說服若阻止該法案通過，會對共和黨造成不利的政治影響。法案中包括向受害者提供兩萬美元津貼，他發表的道歉聲明中寫道：「再多的金錢都不足以彌補這三年失去的時光。因此，該法案中最重要的內容與其說與財產有關，不如說與榮譽有關，在這裡我們承認一項錯誤，今天要再次重申我們國家的承諾：法律面前人人平等。」然後他又念了一遍所謂的一九四五年「增田演講」。

這段話是從哪裡來的？當年真的是出自雷根之手，還是由別人代為操刀？我們「道歉觀察家」很希望能夠知道完整的來龍去脈，但無論如何，為受到監禁的日裔美國人平反確實開創了強而有力的先例。眾議員峰田表示，協助兩黨通過該法案是他最自豪的成就之一。

歷史無法抹滅，那我們該怎麼做？

加拿大政府二戰時期對待日裔公民的態度有所不同，但也一樣，種族歧視、戰爭狂熱和貪婪再次結合在一起，產生可憎的後果。同樣地，沒有任何日僑真的被查出有叛國嫌疑。加拿大陸軍少將斯圖爾特（Kenneth Stuart）曾說：「從軍隊的角度來看，我看不到日裔加拿大人對國家安全構成絲毫威脅。」

根據《戰爭措施法》，兩萬一千名日裔加拿大公民被逮捕，並從英屬哥倫比亞省東部送往簡陋的集中營。政府將他們的房屋、農場、公司和漁船置於「保護性監管之下」，然後將其出售「以支付拘留日裔加拿大人的費用」。由於他們被關押在拘留營中（許多人住在沒水沒電的鬼城中），或被派往甜菜農場工作，政府可說是能夠從中獲利。（加拿大政府在第一次世界大戰期間對烏克蘭裔加拿大人做過類似的事情，還真是一回生二回熟啊。）

戰爭結束後，這些日僑被告知要麼搬回日本（但多數人都是在加拿大出生，這根本不能說是「搬回」），要麼在落磯山脈以東定居，就是不准回到英屬哥倫比亞省——很湊巧，原本日僑在當地的農業領域取得令人眼紅的成功。

一九八四年，當時的在野黨領袖提出了國賠建議，總理皮耶．杜魯道感到大為不滿：「我不知道要怎麼為我們所經歷的一些歷史性事件道歉……我們當年並未參與其中。我們對發生這樣的事當然感到遺憾。」他質問這類訴求要做到哪裡才算結束：「還有多少歷史錯誤需要糾正？我不認為糾正過去是政府的目的，我無法改寫歷史。」

到了一九八八年，就在雷根簽署美國賠償法案一個月後，當時的加拿大總理穆爾羅尼也道歉了：

加拿大政府錯誤地全面監禁、沒收財產並剝奪了數千名日裔公民的公民權。道歉是我們淨化過去的唯一方法，今日，我代表眾議院各黨派的議員，向日裔加拿大人就過去針對他們、其家人和他們的傳統的不公正行為，表達議會正式和真誠的歉意，並向各種血統的加拿大人做出莊嚴的承諾和保證，這種侵犯行為將永遠不會在這個國家再次得到縱容或重蹈覆轍。

《戰爭措施法》終於廢除，政府也向受害者支付賠償金，並提供資金成立了日僑國家博物館和文化中心、生活輔助設施、療養院，並提供加拿大種族關係基金會兩千四百萬美元的補助金，整個國賠耗資三億美元。那些當年被驅逐回日本的人可以重新獲得加拿大公民身分。

日僑對此有何感想？受到影響的十三萬人中當然有各式各樣的反應。讓我們複習一下，道歉的第一部分（說「對不起」或「我們道歉」）跟其餘部分都是至關重要，缺一不可的。後續步驟應該說明道歉的目的、如何確保不會再犯以及怎麼補償，沒有這些，就不算好的道歉。

有些人認為政府道歉沒有什麼價值，這其實只注意到第一個部分而已。劇作家兼教育家宮川（Mitch Miyagawa）曾在雜誌上撰寫一篇關於這項道歉的精彩文章。

宮川說，他來自「這個國家——也許是全世界——最容易被人道歉的家庭」。他的日僑親屬因為監禁之事被加拿大政府道歉。他母親的第二任丈夫是因為繳納過種族歧視的「華人人頭稅」而獲得官方道歉的人之一。他父親的第二任妻子是克里族的原住民，她是當年粗暴的「寄宿學校制度」[5]和蓄意破壞傳統文化而受到道歉的人之

5　指十九世紀到二十世紀加拿大政府推行的一系列教育政策，強制原住民兒童必須到指定的寄宿學校就讀，變相讓學童與原生家庭隔離，以達到文化清洗的效果。這些學校環境多半不佳，虐待、性侵等問題層出不窮。

一。宮川的父親當年被送到亞伯達省的甜菜農場工作。他說道歉對他父親來說毫無意義：「他已經不還擊，以德報怨，事已至此，什麼都已無法挽救。」

有次宮川見到日僑平反運動的領導人三木（Roy Miki），他是全國日裔加拿大人協會談判委員會的成員，他告訴宮川，談判代表並沒有非常聚焦於獲得道歉，他們真正想要的是政府願意承認「民主崩壞，國家從監禁日裔加拿大人一事中獲益」。三木說，最重要的是保護未來的人：「真正的受害者是民主本身，而不是人民。」換句話說，三木不怎麼在乎議會「正式和真誠的歉意」，而是議會願意承諾這種違法行為在這個國家永遠不會再次上演，並廢除《戰爭措施法》、成立博物館和用於改善種族關係的基金會。

正如前總理皮耶・杜魯道所擔心的，其他團體從這次平反運動中獲得了激勵。許多少數族群都受到加拿大政府的傷害，大家都不停地說：「我們必須記住歷史的教訓，這樣就不會再發生了。」這讓宮川若有所思：「我開始相信，政府之所以道歉比起記取教訓，更像是為了遺忘。」在反思政府針對「華人人頭稅」和歧視性的《華人移民法》所做的道歉時，他寫道：「類似的聲明似乎打破了我們與歷史的連結，使我們脫離了原本的樣子，並宣揚如今道德已經有所進步的概念。他們還粉飾了加拿大人今日依然受惠於過去的剝削歷史的事實。」

宮川的看法有其道理，加拿大政府就歧視華人移民一事，賠償對象只限於受害者或其配偶——時至今日，大約只剩二十人還活著。為受害者後代爭取賠償的運動仍持續進行中，而募集資金以正確教育加拿大人這段歧視歷史的聲量，則被政治鬥爭給掩蓋掉了。

最終，宮川宣稱自己既憤世嫉俗，卻又懷抱希望。政府的道歉一方面可能是粉飾太平——糟糕的事情都過去了，現在全部修好了！然而，只要不公不義之事仍持續存在，這樣的鴕鳥心態是行不通的。不過，良好的道歉包含了承認過往發生的事件並指出其中的錯誤，這部分是很有價值的。宮川的克里族繼母聽到前總理哈伯願意為違反人權的寄宿學校制度道歉時，覺得深受感動。哈伯的道歉聲明很長，但這裡引用一下結語的段落：

> 加拿大政府真誠地道歉，並請求我國原住民的原諒，因為我們辜負他們甚深。
> 我們很抱歉。
> Nimitataynan（加拿大克里族語「我們很抱歉」）
> Niminchinowesamin（加拿大阿尼什納比族語「我們很抱歉」）
> Mamiattugut（美洲原住民因紐特語「我們很抱歉」）

對正義的看法和對開創先例的焦慮

政府賠償的事件通常是花再多錢都難以彌補的等級。一名五到九歲時在集中營度過的日裔美國人告訴心理學權威拉扎爾博士，那兩萬美元的賠償金是一種侮辱。「美國政府偷走了我四年的童年時光，現在竟然還把他們偷走的每一年貼上五千美元的標價。」他說：「我寧可不要得到任何金錢賠償。」然而，再微薄的賠償也可以證明成功的道歉不是只要口頭道歉就好，因為如果政府不需要支付任何費用，他們只覺得不痛不癢。拉扎爾博士也引用了納粹大屠殺倖存者蕾瓦．謝弗（Reva Shefer）的話，高齡七十五歲的她獲得來自瑞士政府的四百美元賠償金，「作為瑞士在二戰期間與納粹共謀的部分賠償」。金額雖然不多，但她是這麼認為：「賠償數字本身沒什麼意義，我關心的是幾十年過去了，現在有人願意說：『你受過的苦，我們都知道。』」

就像許多政治人物都擔心道歉會開創先例，如果我們因為打了那個人而道歉，那麼我們打過的每個人都會要求道歉！雖然他們的看法並沒有錯，但這並不是逃避責任的藉口。在我們看來，政府的道歉可以給不在道歉範圍內的其他人帶來好處，其他公民可以為政府願意好好道歉一事感到自豪，而那些得到道歉的人則可能願意提高注意力，保護其他人免於遭受類似的不當對待。此外，來自政府的道歉可能會強化他們發聲的權利。

總而言之，是的，道歉可以創造先例——成功的先例。

我們沒有通知您有關測試的訊息嗎？

政府的道歉通常不是來自高層，而是來自較低級別的部門或機構。一個例子是愛爾蘭衛生部底下的衛生服務執行局局長，因子宮頸癌篩檢處理上的失誤而向受害者——薇琪．費蘭道歉。

局長歐布萊恩在寫給費蘭女士的道歉信中寫道：「雖然這次道歉永遠無法消除您所遭受的傷害和痛苦，但我向您獻上最真誠的歉意。我對您在二〇一一年接受的抹片檢查中未能檢測出異常表示歉意，還有關於為何檢測結果與實際狀況有如此大的落差，我們未能及時、適當地傳達給您感到十分抱歉。」他也解釋衛生服務執行局改變相關程序以免再次發生同樣的疏失。「我希望您能接受我的道歉，並祝福您治療的過程一切順利。」

這個道歉並沒有清楚地說明發生什麼事對不對？讓我們來解釋一下。衛生服務執行局提供了免費的子宮頸抹片檢查，網站上表示這項檢查能檢測出是否有相關病變，如果及早發現就可以盡快治療，從而使子宮頸癌成為可以預防的癌症。

然而，檢測數量超出愛爾蘭當地實驗機構的處理能力，因此他們將部分抹片檢測外包給德州的實驗室，該實驗室使用不同的篩檢方案。愛爾蘭的實驗室每天篩檢二十五到三十個樣本，而美國那邊則是每天篩檢八十到一百個。

二〇〇八年左右，當時主管檢測品質的吉本斯博士注意到美國實驗室報告的陽性（也就是有癌前病變）檢測數量沒有愛爾蘭實驗室那麼多，事實上數量少了三分之一，他立刻向歐布萊恩局長報告了這件事。吉本斯博士說：「我表達了擔憂和疑慮，說明這件事在十年內會導致問題，而這些問題要等到十年以後才會浮上檯面。他並沒有把我的警告放在心上。」吉本斯博士和其他同事都陸續退出這項計畫。

二〇一一年，在其實有檢測出癌前細胞的情況下，薇琪．費蘭獲知她的抹片檢查結果正常。二〇一四年，她被診斷出罹患子宮頸癌，不僅需要切除子宮，還需要進行放療和化療。在那三年裡，她的癌症已經是末期。

二〇一四年，衛生服務執行局進行內部稽核時，發現有超過兩百名女性的測試顯示出美國實驗室在判斷癌前變化的部分有疏失。但執行局並不想通知這些女性，因為此次稽核是出於「教育和培訓目的」。到了隔年，他們才認為有必要通知這些女性的檢驗醫師，至於到底該由誰負責告知這些女性，意見一直喬不攏，等到終於做出決定，已經是二〇一六年了。費蘭女士要再等一年才知道當年的檢測結果其實有問題。她立即對執行局和那間美國實驗室提告，最後獲得兩百五十萬歐元的和解金，其中一部分用於最後一次癌症治療。她也投入推動愛爾蘭的死亡權法，因為她不想讓年幼的孩子看到她痛苦地死去。

二〇一八年的稽核發現，有一百六十二名女性沒有被通知到正確的檢測結果，其中已經有十七名女性因癌症病逝。官方網站的聲明表示：「未能與女性民眾就此篩檢專案的臨床稽核進行溝通，引起了擔憂。若因此讓您感到擔憂，我們深表歉意。」後來聲明更新為「對於造成的擔憂，我們向女性民眾致以最深切的歉意」，並提供更多訊息。

政府該如何道歉？

要怎麼讓一個國家或民族成功地道歉？儘管多少存在差異，但從許多方面來說，這些要素與個人道歉中的要素極為相似。政府是如此強大，可以做出比大多數人更糟糕的事情。但理論上來說，也因為他們如此強大，他們可以做更多的事情來彌補過去所做的一切。

政府的道歉應該明確說出「對不起」或「抱歉」。政府往往比較正式，更常說「我們謹此道歉」，而不是「我們很抱歉」，沒關係，重要的是要說出道歉的目的，並記錄下這件事的發生。舉例來說，土耳其於一九一五年至一九一七年犯下亞美尼亞大屠殺，亞美尼亞人至今仍未收到道歉。更令人氣憤的是，土耳其政府持續否認這件事的存在，並且向盟國施壓，要求他們也這樣做。所以當拜登總統在二〇二一年有意地使用「亞美尼亞種族滅絕」一詞時，引起正面回響。

前哈佛法學院院長瑪莎．米諾寫道，對於那些在「種族清洗」計畫中遭到屠殺、被消失或強暴的受害者，永遠不會有所謂分量充足的道歉。「終結仇恨是不可能的。即使是這樣，任何終結都會侮辱那些生活永遠破裂的人。」她寫道：「然而，沉默也是一種不可接受的冒犯，這無疑是在暗示加害者能成功脫身……」我們同意她的觀點，「終結」這個詞（就像「讓我們繼續前進」和「是時候放下一切」）不屬於道歉。儘管如此，我們還是要道歉，任何道歉都無法改變過去，但總比沉默好。

除了說明道歉的目的之外，政府還必須公開說明政府的行為造成的影響。英國女王伊莉莎白二世的公開聲明就做到了這一點，她說明了十八世紀英國政府強制驅逐法裔加拿大人——阿卡迪亞人——造成了「悲劇性的後果，包括成千上萬的阿卡迪亞人因疾病、沉船，在加拿大新斯科細亞省和英格蘭的避難所、戰俘營以及美洲的英國殖民地死亡」，但成功的道歉還應該說明後續的影響，如果祖父母那一輩被搶走全部家當，自然會影響好幾代子孫的命運。

政府的道歉不應混入藉口，應該說出為什麼他們的罪行不會再次發生，並且清楚說明哪些正義原則被忽視了。設立相關紀念日所帶來的價值並不如一般設想的那麼足夠，除非是大張旗鼓舉辦的年度活動，比如澳洲的「國家道歉日」，這能使得歷史留存在世人的記憶中。制定新法律來禁止政府重蹈覆轍也是好事。

花費政府資金的賠償具有實際和象徵價值，如果政府不花任何錢來賠償自己造成的傷害，未來只會發生更多他們需要道歉的事，人民只會越來越懷疑他們的誠意和價值。

無可避免地，一定會有民眾抱怨說自己又不是做壞事的人，自己繳的稅不應該用在相關賠償上。然而，這麼做是因為需要提醒大家，這跟個人有沒有做錯事無關，而是事關國家責任、國家榮譽和國家正義。

行動項目

☐ **政府道歉需要進行事實調查。**如果人民對事件仍記憶猶新，那麼倖存者的證詞便至關重要，請務必取得。

☐ **應該對事件造成的持續影響進行公正的調查。**

☐ **應該有人為國家元首寫一篇願意承擔責任的道歉演講，無論元首是什麼樣的政治立場。**

糟糕的道歉賓果卡 #5
政治版

作為一個國家	危險的先例	先降溫	進一步劃分	展望未來
我的對手	齊心同力	修辭	這些都沒有約束力	分裂的
上帝保佑我國	兩邊／雙方	**自由填空**	我們依法行政	那不是政策
不是非黑即白的問題	我的政敵	我過往的紀錄	我愛我的國家	責任由我概括承受
我絕不會寬恕	那是戰時	在我妻子的協助下	那時掌權的不是我們	在我們出生之前

CHAPTER

08

如何接受道歉與如何寬恕，以及何時兩者都不做

正如道歉有規則一樣，接受道歉也有規則，一定要接受道歉嗎？你必須原諒對方嗎？我們該如何辨別何時該原諒，何時該容許甚至擁抱我們的憤怒呢？如果我們已經決定要原諒，那該如何做到？如果有人尋求我們的原諒，要怎麼判斷對方是否真誠，寬恕是否對我們有利？如果對方一開始的道歉讓我們很不滿，該如何進一步討論這一點？以及，該如何接受像樣的道歉，又或者如何讓對方做出更好的道歉？

如何接受道歉

接受道歉是糾正錯誤過程的一部分，這是通常應該發生的事情，也是一件好事。而且比起向人道歉，接受別人的道歉要容易許多，以下我們將告訴你如何簡短有力地接受道歉。

請明確表達你接受道歉，例如「謝謝，我接受你的道歉」或「我接受你的道歉，我很感激」，不要把話講得很含糊，讓人搞不清楚你的意思。如果對方道歉的是比較輕微的小事，你可以說「沒關係」或「謝謝」，不過要注意，我們後面會提到一個案例，讓你了解以隨意的「別放在心上」來回應真誠的道歉是很不友善的行為。如果有人認真地向你道歉，你也願意接受的話，那麼該禮尚往來地認可對方的道歉，畢竟我們都知道好好道歉有多不容易，你可以說：「謝謝，我相信這對你來說很不容易。」

如果你選擇接受道歉，就請坦然地接受，不要接受了又懷恨在心。你只能二選一，如果你還無法放下怨恨，就不要接受道歉。然而，即使你不能接受道歉，你還是該回應道歉的人，例如「我不接受你的道歉」。如果你需要一點時間考慮，以下建議供你參考。

假設你覺得對方的道歉不夠妥當，可以要求對方重來一次，但要注意前提是你有信心可以獲得更好的道歉。有位作家分享自己曾收到這樣的道歉：「如果你覺得被冒犯了，我很抱歉。」我們都知道這是NG道歉，絕對不能接受，而這位作家也機敏地回應對方：「不用說『如果』，因為我確實覺得被冒犯了。所以，你是真心想道歉嗎？」

蘇珊曾經接受一個有瑕疵的道歉——聽起來很沒誠意，閃爍其詞，但因為那是來自高中時期突然不理她的兩個同學，所以這份遲來的道歉對蘇珊而言真的是讓她一吐胸中長久以來的怨氣。她說：「謝謝你們，我接受你們的道歉。」昔日的友誼再度恢復，後來她也獲得很棒的、真誠的道歉，這件事才算是真正地告一段落。

如果對方道歉失敗的理由是不了解自己該為什麼事情道歉，不妨直接告訴他們，例如你可以開門見山地說：「我不是氣你讓喬丹喝光我所有的桑甚白蘭地，而是很氣你竟然就這樣讓他自己開車回家！」這種情況千萬不要說「你應該知道自己做了什麼好事」，或者「你應該非常清楚我為什麼會生氣」，這樣只是在玩無聊讀心術遊戲。如果各位讀者已經讀到這裡，相信你們都會做出更好的回應。

美國維吉尼亞大學進行過一項研究，他們請受試的六、七歲孩童用塑膠杯疊一座杯子塔，然後一名成人研究助理會把杯子塔撞倒。事情發生之後，小孩子們必須決定要不要給這個大人貼紙。結果顯示，大人不道歉，小孩子就不願意給出貼紙，但如果大人願意道歉，小孩子就算還在氣杯子塔被弄倒，願意給出貼紙的人數還是比沒有收到道歉的小孩更多。

研究員德雷爾（Marissa Drell）表示：「儘管道歉並不能讓孩子們感覺好一點，但確實有助於促成寬恕。他們似乎認為這是一個訊號，表示違規者對自己的所作所為感到難過，並且可能已經含蓄地承諾不會再這樣做。」此外，大人道歉之後如果幫助孩童重建杯子塔，他們會更加慷慨地給出貼紙。德雷爾指出：「恢復原狀——在錯誤行為發生後積極地修復——可以讓受害者的感覺變得比較好，因為這麼做可以消除一些傷害，並且可以透過犯錯者所付出的彌補來修復關係。」

如果你不是六歲小孩，該向你道歉的人也沒有做出正確的表示，那麼你沒有義務要接受他們的道歉，但還是可以思考一下到底該怎麼做。你可能需要更多的時間來考慮是否願意接受道歉，或者自己希望得到什麼補償。如果是這樣，你可以簡單地說：「謝謝。我需要一點時間來考慮這個問題。」然後你可以單獨決定是否要原諒，還是要求對方採取額外的彌補行動或更詳細的道歉聲明。

在《有效的道歉》一書中，商業顧問約翰・卡鐸（John Kador）建議使用這樣的措辭：「我很感激你願意道歉，但我還是有點介意這件事。」他表示「這件事」是故意用來製造語意上的模糊空間，如果你願意稍後再跟對方進一步討論，他建議了幾種說法：

- 我還需要一些時間，希望你在我處理這件事時能夠耐心等待。
- 我很感激你來看我，但對我來說還為時過早，我想和你談談，但我需要幾天時間。
- 給我一點時間靜一靜，我們之後可以談談，我準備好了就會通知你。
- 我很感謝你來找我，但我還沒準備好和你討論你做了什麼，我需要幾天的時間來想清楚。
- 你能承擔責任真是太好了，我只是有點介意，讓我下周給你打電話，等我想得更清楚時，我們可以電話中聊聊。

「以上措辭都有一個共同點，」卡鐸說道：「內容都著重在你需要冷靜期，也就是對時間的需求，而不是道歉者的性格或道歉的品質。」他不建議「我不確定我能接受你的道歉，我需要時間考慮一下」這種消極說法，認為不如跳過第一部分，只說第二部分，這樣的說詞讓你為自己保留了未來可以拒絕對方的餘地。

如果你想與這個人保持距離，或者不想舊事重提，只需要說：「我接受你的道歉。」對於那些多年未見、突然冒出來說想要為往事負責任的人，這招通常很有用。有些人可能正在接受某些心理治療，重新與舊識聯繫是療程的一部分，他們有時會興奮於人生即將改變，而沒有深思這些突如其來的道歉會造成什麼影響。這類型的道歉就像放煙火，多少有點道歉者自爽的成分在。如果你沒有時間或意願與對方繼續攪和，我們建議就簡單回答一句「我接受你的道歉」（如果你確實願意的話），然後無須更進一步互動。

這類事隔多年、突如其來的道歉也可能讓你很高興。瑪喬麗曾經收到一封來自前男友的實體信件，他們分手多年後，他搬到了另一個城市，即將結婚，但他想寫信針對和瑪喬麗交往時的某些行為表示歉意。他想告訴她，由於當年她對他說的一些話，幫助他成為一個更好的老公。這位前男友沒有提供任何聯絡方式，顯然他沒有預期要獲得回覆。他們分手已經很久了，久到瑪喬麗想起他的時候並沒有特別感到憤怒或悲傷，但她還是很高興收到道歉。

有時候犯錯者很快就會道歉，好比你媽命令弟弟向你道歉，或者剛認識的人不小心誤解你的性別而道歉，對於他們的道歉你只覺得「隨便啦，又來了」，那麼這也是搬出「我接受你的道歉」的時機。你沒有說他們做的事情是沒關係的，只想說些什麼來結束這個話題，但這時又不能說「無所謂啦」，因為那是在拒絕他們的道歉。

假如你收到的是期待已久的道歉，冷戰好幾個月的朋友想為當初的爭執道歉，萬歲！你迫切地接受道歉，認為自己也有責任，發生的事情都是你的錯，已經聽過很多意見了，你當時的想法和現在的想法是這樣那樣……這樣很好，可是請暫停想要一股腦兒吐露心聲的衝動，最好先讓對方把話說完，因為道歉對他們來說可能也不容易。好好專心地聽他們說完所有的話後，你再回應。

要有禮貌！

我們接受道歉的方式如果很糟糕，會讓對方失去信心，感到洩氣。作家卡鐸在書中提供了一個很好的例子：珍妮特和艾德是同事，在某間餐廳工作。有天晚上要打烊時，珍妮特開玩笑地把艾德關在冷凍庫裡，但後來門打不開，而且她也沒有鑰匙。她嚇壞了，雖然知道這會害自己被炒魷魚，她還是打電話請店經理來開門。他趕到現場之後當場炒了珍妮特，接著打開冷凍庫時……艾德竟然不在裡面?!原來艾德從冷凍庫裡一個鮮為人知的小門脫身，他也沒有告訴珍妮特就逕自回家了。珍妮特打電話給艾德：「我真的很抱歉把你鎖在冷凍庫裡面，我知道有人因此而凍死。我不敢相信自己竟然害你陷入這麼糟糕的處境，我已經得到教訓了，這是很嚴重的判斷失誤，我感到非常難過。我已經被解僱了，但我希望我不會永遠失去你的尊重，再次向你道歉。」

那麼，艾德的回應為何？

「別擔心啦。」

如果你是珍妮特，你會有什麼感覺？如果有人像珍妮特這樣鼓起勇氣向你道歉，並且道歉得很好，那麼你應該認真地回應他們的道歉。只是回應「你沒有什麼好道歉的」或「沒事啦」都不是很恰當的回覆——除非這些話是開場白。如果你用「嘿，事情都過去了」之類的話來回應道歉，後面別忘了告訴對方你沒有生氣，而且樂於接受道歉。

接受道歉時最好說「謝謝」，除非你真的、真的不想要接受這個道歉，而且它會讓你感到害怕。這種情況下可以立即拒絕道歉，甚至當場走開不聽。比方說，你正在治療飲食失調的問題，並要求媽媽在任何情況下都不要談論你的體重，她就是講不聽，每次你生氣她就會打電話來道歉：「我很抱歉，但是……」這樣的對話要你參與其中，對你來說很不健康，因為這是當初的侮辱、背叛或虐待的延續。你有權力決定自己要怎麼回應這個話題，只需要平靜地說：「我已經告訴過你我對這個話題的感受了，我現在要掛掉電話了。」

現在請聽我說

如果覺得道歉的人是真心抱歉讓你不高興，但又不清楚你生氣的原因，你可以透過點明理由讓自己感覺好一點，這有助於你取得一些談判優勢。「謝謝你的道歉，我想讓你明白我為什麼會生氣。」然後告訴對方：「你取笑我的口音，我知道你只是覺得聽起來很有趣，但對我來說並不好笑。」

過於頻繁的道歉有時是一種權力遊戲，是阻止更進一步討論的手段：「對不起！我不該被生出來！對不起，你總是因為一點小事就生氣！身而為人我很抱歉！」另一方面，比重失衡的道歉可能也是一種爭奪權力的角力，像是「你怎麼有臉叫我今天洗碗，你忘了五年前是怎麼對不起我的嗎？」或「我奶奶得了癌症，你怎好意思提到你的手指長倒刺！」

你當年選擇繼續跟這個劈腿仔在一起，你們感情上的議題請尋求心理治療來處理，而不是一直拿這件事來逼迫對方一遍又一遍地道歉，這麼做並不公平。同理，如果你朋友只顧著抱怨自己的生活，從來不問你奶奶過得怎麼樣，而且是屢勸不聽的慣犯，那麼你要麼接受事實、彼此當普通朋友就好，要麼就減少互動頻率。話又說回來，如果你經常利用奶奶的健康狀況來博得同情或逃避責任，那就是你的錯了。

合乎邏輯且自私的寬恕理由

你可能已經聽過一百萬個為什麼你應該原諒的理由。大量研究證實，選擇原諒可以降低血壓、心率和身體分泌的皮質醇（也就是壓力荷爾蒙）。常懷憤怒並分泌過量的皮質醇可能會導致頭痛、消化不良、焦慮、憂鬱、注意力不集中和記憶力下降，甚至可能導致心臟病。

實踐寬恕也能促進免疫系統功能運作，整體健康會變得更好。《心理學與健康》雜誌上的一篇研究發現，寬恕甚至能幫助我們睡得更好。研究人員針對一千五百名美國人進行調查，發現那些對自己和他人更加寬容的人往往比那些沉溺於「憤怒、後悔和反芻式思考[6]」的人睡得更好，而且整體上更健康。（補充一點：研究發現，雖然寬恕自己有助於睡眠，但原諒他人帶來的效果更好。）

原諒一件壞事也可能有助於你放下它——是正面的「放下」而非負面的壓抑。研究人員發現，那些能夠克服「想要報復傷害自己的人」心態的受試者，比較難回憶事件的細節。「眾所周知，學習原諒他人可以對個人的身心健康產生積極的好處，忘記令人憤怒的記憶的能力可能提供了有效的應對策略，使當事人能夠往前看。」能夠控制自己的情緒並且避免尋求報復，展現出一個人的「執行控制力」。執行控制力可以幫助你管理和調節認知，包括遺忘的能力。

該實驗又讓三十名志願者觀看四十種涉及不同不當行為的場景，像是誹謗、出軌、搶劫等，研究人員試圖了解寬恕的感覺是否會對遺忘過程造成影響。「主動寬恕有『抑制控制機制』的功能，可以防止不需要的記憶進入意識。」該研究表示：「我們希望新的研究領域可以把以遺忘和寬恕為導向的介入方法結合起來，從而產生強大

6 rumination，心理學用語，指針對已經發生的事情不斷以負面的角度回想。

的治療工具，使人們能夠更有效地『寬恕和忘記』」。

我真的必須原諒嗎？

答案再說一次，不必！首先，你有權有自己的感受，你會感受到你的感受。我們不認為有情緒是件錯事，做出很情緒化的行動當然不對，但情緒本身沒有錯。要是選擇壓抑情緒，而不是積極處理，對我們自己是沒有好處的。

壓抑內心的感受不僅對自己有害，而且也常禍及他人。為什麼女性比男性更常被診斷出患有憂鬱症，但她們自殺或傷害他人的可能性卻要小得多？美國男性死於自殺的機率將近是女性的四倍，而在世界各地，男性自殺的機率通常是女性的三到四倍。根據全球統計，百分之九十五的兇殺案兇手是男性。有一些專家將其中的差異歸因於，社會比較鼓勵女性表達自己的情感，對男性則不然。儘管當代社會開始討論怎麼培養男孩成長為能夠覺察自身情緒的男人，但仍然期待他們外表看來堅強，換言之，也就是並沒有那麼鼓勵他們針對憂鬱和憤怒等情緒問題尋求幫助。

當我們允許自己去感受內心的感受（尤其是憤怒和悲傷）時，就不太可能將這些感受轉化為傷害自己和他人的行為。被迫壓抑情緒，或是在沒有接受如何和為何要寬恕的訓練，就被迫給予寬恕，這對事情是沒有幫助的，你只會感到更加怨恨。正如我們說過，如果你毫無歉意就不應該道歉，同理，我們也認為你不應該礙於外界壓力而輕易原諒對方。人類的大腦和靈魂並不是這樣運作的。

心理師約翰・威爾伍德創造了一個術語——「靈性逃避」（spiritual bypassing），指的是一味呼籲我們原諒，而不是真正處理或討論自己一開始為什麼感到痛苦或憤怒。這種做法只是在壓抑情緒，對於受害者和加害者雙方來說都沒有好處，然而，它確實有利於維持安穩的現狀並讓其他人感覺比較舒服。要求你要原諒的第三者可能只是希望終結衝突或不好的氛圍，並不想進一步了解加害者的心理或是受害者為此付出的代價。

心理學教授巴爾金（Richard S. Balkin）在著作《實踐寬恕》中提到一名病患在動普通的腳踝手術時差點喪命的故事。麻醉醫師不小心搞錯止痛藥的劑量，導致病患的心臟停止跳動。為了讓她的心臟重新跳動，醫生們在急救時不得不切開她的胸膛和破壞她的肋骨。病患的先生說他「很想殺死麻醉師」，家屬找了律師準備提告。麻醉醫師不顧醫院律師的建議，選擇向病患和家屬道歉，而且道歉得很好。他私下寫好一封道歉信，然後在當地一家小餐館與她見面喝咖啡，並親自道歉。病患後來表示：「我發現他是很真誠的人，他很努力找到我，並對我遭受的痛苦表示歉意。」病患和家屬最終決定不提起告訴，他們並沒有被迫原諒與和解。寬恕應該是一種選擇，正如我們一再提醒的，道歉是義務，但寬恕不是。

不過，我們生活的社會並不容易讓人選擇寬恕，前面案例中的麻醉醫師是個例外。即使犯罪受害者希望有機會寬恕加害者，司法系統也會讓這件事變得難以達成。受害者常常被剝奪與罪犯面對面的權利……即使他們主動要求也無法如願。華盛頓大學法律、社會和司法系副教授奧桑盧（Arzoo Osanloo）曾在一篇文章中問道：「受害者家屬想要什麼？」

他們想要心靈的平靜，寬恕可以提供這一點，但必須是在他們有機會先行消除憤怒和沮喪之前。他們常常要求與加害者及其家人會面。除了獲得道歉之外，他們還想要與唯一能夠開始思考他們痛苦的人，分享自己的悲傷。

司法體系可能確實避免了私刑報復的發生，但另一方面，將受害者與犯罪者完全分隔開來，也可能有其缺點，因為無法讓當事人在冷靜之際浮現寬恕之心。雖然寬恕並不等同於不公不義之事就此結束，但它是一個起點，可以為更廣泛的社會與經濟對立的和解開闢道路。

這難道還不夠令人滿意嗎？

潛伏的寬恕壓力

你不必只為了讓別人感覺比較好而原諒，也不必只因為收到半吊子的道歉就原諒。在本書和「道歉觀察家」網站上，我們廣泛討論了權力在寬恕和道歉中的作用，道歉的人必須主動放棄部分權力，把自己擺在一個卑微的位置，成為一個懇求者，採取承認自己錯誤的立場，並謙虛地請求寬恕。另一方面，寬恕意味著對自己的權力有容忍的度量。

美國社會學家華勒（Willard Waller）提出「最小興趣原則」的概念，表示在任何關係中——家庭關係、愛情關係、商業關係、社會關係——對關係投入較少的一方能夠控制關係的發展。這個理論解釋了為什麼警察、企業和名人經常給出失敗的道歉，因為控制權都在他們手上，不會有太大的動力改進。但是，當做錯事的人或團體極度渴望寬恕時，道歉的接受者就掌握了「控制權」——例如政治人物擔心被趕下台、YouTuber擔心頻道被關閉、TikTok網紅可能失去業配合作等。

當做錯事的人真的洗心革面，想改變自己的行為，且可能因為自己的罪孽而遭受一點（或很多）痛苦時，受害者就更容易原諒他們。巴爾金教授就討論到加害者真心想要和解的時候，受害者擁有「獎賞力」。他寫道：「當受害者感覺自己被賦予權力以及獲得正義，就更有可能願意寬恕。」

此外，在幾乎所有常見的宗教信仰中，要求信徒寬恕是很常見的重大議題。儘管這些宗教文本多少都傳達了「有時候你不一定非得寬恕對方」的概念，但宗教領袖往往無法向信眾傳達這類細節，因此對於那些受到冤屈、不想或無法寬恕的人來說，宗教不再是安慰的來源，反而帶來內疚和壓力。

我們認為「選擇不接受道歉」有時候有益於人的心理健康。如果可以在宗教經典、教義、祈禱詞、特定神職人員的話語中找到對此立場的支持，我們希望你能找到。如果沒辦法的話，我們認為你不必讓宗教變成壓力和內疚的來源。

我們的社會對寬恕故事的成癮

這說明我們的文化喜歡黑人寬恕白人襲擊者的故事，大屠殺倖存者寬恕納粹的故事，以及性侵受害者寬恕性侵犯的故事，它們的共同點是，權力較小的人會原諒權力較大的人。大眾沉迷於這類故事會造成問題，因為這些故事強化了現狀，讓我們變得能接受世界上的不平等和不公正。當然，我們並不是說受害者都不應該原諒加害者，如果寬恕可以幫助他們療癒自己，那麼沒有人有權力指責他們做錯了。然而我們有責任提醒彼此，過度頌揚這些故事可能是種自我麻痺，讓我們不再認真審視當今世界所需要解決的種種問題。

納粹大屠殺的倖存者伊娃・莫澤斯・柯兒（Eva Mozes Kor）在二〇一七年選擇公開原諒納粹，許多人認為這是很勇敢的舉動。納粹醫生約瑟夫・門格勒曾利用集中營區的猶太人（特別是雙胞胎）進行許多慘無人道的實驗，柯兒女士和她的雙胞胎姐妹正是其中之一。終戰五十年之後，她與一名曾在奧斯威辛集中營工作的納粹醫生取得了聯繫，在她的督促之下，對方寫了一封道歉信，柯兒女士也回了一封原諒信。有一部關於這件事的短片觀看數已經超過一千九百萬次。

比較完整的故事脈絡是這樣的，柯兒女士長期以來一直在學校和猶太教堂分享當年大屠殺的暴行，她決定在奧斯威辛集中營解放五十周年之際，聯繫一名前納粹醫生，希望他寫下這封道歉信，向後代證明慘絕人寰的大屠殺並非誇大或捏造出來的。這名醫生按照她的要求做了，並寫道：「我很抱歉，在某種程度上我是參與其中的一員。在當時的情況下，我盡了最大努力來盡可能拯救生命，加入親衛隊是個錯誤，我那時太年輕，只懂得投機取巧。沒有想過我一旦加入，就沒有退路了。」

各位讀者應該看得出來這是個失敗的道歉，不僅沒承擔責任，也沒有提供具體細節，還為自己找藉口。這名醫生並不如自己所稱的那樣別無選擇，當時有其他的「年輕人」（甚至是老年人）選擇加入反抗，協助將猶太人藏在地下室、閣樓和穀倉裡，最不濟也選擇消極以對，而不是像這名醫生積極加入納粹黨中最上層的親衛隊。然而，柯兒女士對這個道歉是滿意的，這是她的選擇。

又再過了十年，柯兒女士也原諒了一名奧斯威辛集中營的會計人員，她當眾握住他的手，並慷慨地允許他親吻她的臉頰，她寫了一本書《寬恕的力量》於二〇二一年出版。她描述自己內心是如何療癒的過程：她寫下所有想對門格勒醫生說的髒話，等到想不出罵什麼了，她便意識到自己不再憤怒，然後就能夠原諒了。她決定寫一封信：

我，伊娃．莫澤斯．柯兒，是五十年前約瑟夫．門格勒在奧斯威辛集中營人體實驗中倖存下來的雙胞胎之一，在此赦免所有納粹分子直接或間接參與了對我家人和數百萬人的謀殺。

我赦免所有保護納粹罪犯長達五十年，企圖遮掩那些罪犯的行為，並掩飾那些罪犯遮掩事實的政府。

我，伊娃．莫澤斯．柯兒，僅以我的名義給予這次特赦，因為是時候繼續向前走了，是時候療癒我們的靈魂了，是時候原諒和放下，但永遠不會忘記。

她要求美國、德國和以色列政府停止調查納粹分子，並向倖存者開放他們的所有檔案，以便倖存者能夠了解當年納粹對自己所做的事情，以及找到相關的醫療紀錄。柯兒女士的雙胞胎姐妹也倖存下來，但有很嚴重的健康後遺症，如果知道當年她被注射了哪些物質會很有幫助。柯兒女士在通往奧斯威辛集中營毒氣室的坡道上大聲宣讀了這份聲明，表示她希望「以某種微小的方式向世界傳達寬恕的訊息、和平的訊息、希望的訊息和理解的訊息」。

柯兒女士補充說，她並不樂意看到任何納粹罪犯入獄，也不希望看到門格勒家族後代受到任何傷害。媒體和公眾對此表示歡迎，但柯兒女士的行為也讓其他大屠殺倖存者感到震驚無比。正如大屠殺學者利普斯塔特（Deborah Lipstadt）指出的那樣：「媒體將她描述為『內心深處』願意寬恕的人，這是在暗示那些不跟隨她腳步的倖存者都是無法克服怨恨的可悲之人。其他倖存者告訴我，他們覺得自己被寫得像是鐵石心腸、不通人情，而柯兒女士則被視為大英雄，比其他受害者都更偉大。」

雖然柯兒女士宣稱她只是以個人名義給予原諒……但公開呼籲停止調查納粹分子可不能只視為是她個人的事。她曾在受訪影片中表示：「我知道大多數倖存者都譴責我。但是我的寬恕是什麼？我就喜歡這樣做，這是一種自我療癒、自我解放、自我賦權的行為。所有受害者都感到絕望、無助。我希望每個人都記住，我們無法改變已經發生的事情……但我們可以改變我們與它的關係。」這個說法是對的。

在書中，柯兒女士詳細闡述原諒如何讓她「如釋重負地發現，自己一次又一次地擁有掌控自己的今天和明天的力量，沒有傷害任何人，也沒有傷害自己，而且它是自由任意的，每個人都可以做到」。然後她補充道：「而且，沒有副作用，它很有用，但如果你不喜歡自己身為自由人的感覺，那麼隨時都可能回到你的痛苦和仇恨之中。」這段話的最後一句稍微有點問題，毫無疑問，選擇寬恕絕對可以起到治療作用，她的策略是向傷害過你的人寫一封信，把想罵的事情全部寫下來，直到沒有想罵的欲望為止。這對某些人來說可能很有效，但她堅持認為這種方式適用於所有人就太過簡化了。對於一些創傷倖存者來說，這麼做反而弊大於利。書中還有其他自我療癒的方法，雖然很正面、也對許多人有幫助，但還是不能將之視為一體適用的建議。

可以理解社會大眾會想要欽佩柯兒女士，她慷慨寬容的精神令人讚嘆，因為我們都想要生活在公平正義的世界中。我們喜歡可愛、說話堅定、心地善良的老奶奶，她們讓我們很有安全感，也讓我們相信自納粹大屠殺（或任何暴行）以來，世界已經變得更美好。但是我們不能忘記，一味追捧這樣的寬恕故事很容易變成壓迫，無形中要求每個受害者都要如此寬宏大量，甚至在他們的反應不如我們預期時，繼續指責那些受害者。

你認為自己想要原諒嗎？

關鍵在於「選擇」，如果你覺得需要寬恕加害者，不論理由是想要讓世界變得更好，還是因為長期背負著重擔而筋疲力竭，就按照你的心意去做吧！許多想要寬恕的人可能需要一些幫助，弄清楚如何做到。

史丹佛大學的拉斯金博士（Fred Luskin）就是一位提供「寬恕訓練技巧」的專家。他認為寬恕是可以透過後天學習的技能，就像騎腳踏車、跑馬拉松、培養更好的睡眠習慣一樣。他認為寬恕有不同類型：人際寬恕（寬恕別人，但並不等同於再次與他們建立關係）、內在寬恕（原諒自己）和存在性寬恕（原諒上帝、自然或命運對你所做的事情）。他說，寬恕並不代表你相信發生在你身上的事情是好的。

拉斯金博士著有《永久寬恕》一書，書中指出真正的寬恕始於認識到你的傷害和憤怒正在對你的情緒和身體造成傷害，而當你有能力原諒別人的重大錯誤時，會發現自己可以更輕鬆地擺脫往後遭遇到的傷害，甚至學會從一開始就不要生氣。拉斯金認為人最終可以改變自己的世界觀，決定是要解決問題還是直接放下。如果你花太多時間反芻這些傷害，可能會錯過了世界上其他美好的人事物，學會認識到每個人（包括你本身）的行為都是出於自身利益，進而理解人與人之間的目標總是會相互衝突。

拉斯金概述了寬恕的九個步驟，大致如下：

1. 能夠清楚地表達為什麼發生在你身上的事情不好，並與一些值得信賴的人談論你的感受。
2. 致力於改善自己的感受，並提醒自己值得讓心情變好，你不必與任何人對抗或和解。這個步驟完全都是為了你自己。
3. 明白目標是讓你感受到平靜，這種平靜來自於減少責備那些傷害你的事情，不要把不愉快的經歷看成只有自己才會遇到，並且看到長懷怨恨所付出的代價。
4. 明白你正在談論你現在的感受，而不是當時發生的事情。
5. 練習深呼吸和壓力管理技巧，以便在每次感到痛苦時使用。
6. 不要指望其他人會改變，或是主動給予你需要的東西。請好好讚賞自己所擁有的力量，但如果過去對方不曾幫助你，就不要指望能向他們尋求肯定或道歉。
7. 設定新目標。拉斯金稱之為「找到你的正向意圖」，找到更好的方法來滿足你的需求，跳脫目前情緒上的糾結，轉而向前看。

8.「記住，把日子過得很好就是最好的報復。」尋找值得高興和感激的事情。觀察你周圍發生的善意時刻，提醒自己生活中有哪些美好的事情。「你會開始看到陽光仍然普照，人與人仍然相愛，美好無處不在。」

9.「修改你所講述的悲慘故事。」當你有意識地改變看待這些事件的觀點時，你就是在告訴自己：「這種平靜的感覺就是一種寬恕。」

即使從未得到傷害你最深的人的道歉，接受「永遠不會有道歉」的事實可能為你帶來力量和圓滿。不需要對方的道歉，你也可以成為一個快樂、成功的人。你可能永遠不知道為什麼可怕的經歷會降臨在你身上，然而接受沒有答案可以帶來極大的自由。

在《寬恕的生活》一書中，心理學家恩萊特（Robert D. Enright）提出了一個寬恕模型，包括四個階段：揭示（思考你是如何受到傷害，盡量保持客觀）；決定（根據你的自由意志選擇開始寬恕的過程）；努力（嘗試了解傷害你的人的動機和背景，並選擇以同理心看待他們）；深化（在你的痛苦中尋找意義，思考你是否也需要尋求寬恕）。不過，恩萊特的模型充滿了基督教觀點，因此可能並不適合所有人，或者需要一些調整。

恩萊特指出，雖然很多人會說「我永遠不會原諒，我會繼續戰鬥到底」，但他們需要明白這兩個概念並非互相排斥。像大多數寬恕研究者一樣，他也區分了「寬恕」與「和解」這兩個概念。他表示：「寬恕是一種道德美德，就像正義一樣。和解不是一種道德美德，需要兩人以上才能在相互信任的情況下再次合作。一個人可以原諒，但不和解，當一個人寬恕時，他絕不是出於軟弱。」

最有影響力的寬恕研究者或許是沃辛頓教授（Everett L. Worthington Jr.），他是維吉尼亞聯邦大學心理學名譽教授。一九九六年他的母親慘遭殺害，他開始對「寬恕」這個主題產生興趣，他和兄弟姐妹都原諒了凶手，但他們所承受的悲痛似乎並未隨著時間而消逝，他有一名手足最終走上自殺一途。

沃辛頓教授的研究（同樣包含基督教觀點）著重在當事人的自我歉疚感，在自我寬恕這個議題上有很突出的看法，他發展了一套寬恕模型「REACH」。

R：**回憶起傷害**。即便如此，還是決定不尋求賠償。

E：**同理對方**。試著想像對方的看法。

A：**無私的禮物**。回想你傷害了別人，然後獲得原諒的經驗。當時感覺如何？你可以把同樣的禮物送給傷害你的人。

C：**承諾**。你選擇原諒之後，寫一張備忘錄給自己，可以幫助你堅持下去。

H：**堅持寬恕**。你可能會興起不願意原諒的念頭，請重讀你的備忘錄。

寬恕和假寬恕之間存在巨大差異，後者可能讓你繼續忍受來自他人的不當對待，但是不原諒自己對身心健康也會產生負面影響。如果將寬恕視為我們送給自己的一份禮物，而不是理所當然要送給別人的禮物，我們會更容易感覺到平靜，不會被憤怒所駕馭。

如何練習自我寬恕

我們很多人都背負著沉重的罪惡感和自責，醫療事故患者的家屬常感受到巨大的內疚，而造成傷害的醫生也是如此；被性侵的人也常常責怪自己；家庭暴力受害者也常被檢討他們為什麼當下不離開現場或對方。可悲的是，社會充滿了基於種族、宗教、體型、性別認同、性取向和許多其他主義的障礙、偏見和仇恨，使得自我厭惡很容易內化。

我們還生活在一個最不有權有勢的人最不被允許犯錯的世界。社群媒體上的撻伐聲量再大，因錯誤而受到最大傷害的往往是組織底層的人，不會是組織頂端的人。請記住，當你處於自責、自厭的循環時，你的失敗並不是憑空發生的，外在環境對我們所有人都有影響。

除了前面討論過的寬恕與和解策略之外，你還可以嘗試其他自我寬恕的技巧，接受專業心理治療會有所幫助。因此，透過從不同角度想像發生在你身上的可怕事情，也可以帶來不一樣的觀點，不妨嘗試從局外人的角度來觀察。如果你在腦海中看到的人不是你，你還會責怪這個人嗎？我們對朋友往往比對自己更友善。

你還可以回想這一生中做的所有好事，你並沒有被你犯下的錯誤或發生在身上的壞事壓垮。你很堅強，而你的故事還沒有結束，你可以繼續在人生的旅途中改變，成為一個更好的人。

面對公開道歉

本章大部分的內容都是討論關於個人的道歉，讓我們花點時間談談公開道歉。網路上每次有人犯錯，通常會非常迅速地被網友指出來，有時這是一件好事，因為要求對方好好負起責任跟單純地抵制是兩件事。每次又有炎上事件發生，「道歉觀察家」就會收到訊息，希望我們插一腳，網站上點閱率最高的文章都是評論糟糕得可怕的名人或政客道歉。

我們當然知道蹭話題意味著高流量，但不希望把所有時間都花在取笑那些蹩腳的道歉上。我們希望大家在道歉這個部分能做得更好，希望每個人都知道要好好道歉是很困難的。一直抓著各種NG道歉不放既不有趣，效果也不彰，適時地找尋正面案例來轉移憤怒和嘲諷的情緒很重要，而且我們這邊說的可不是只有我們自己，老是在網路上對各種不滿之事發脾氣，對你來說也很不健康。

如果鬧出風波的名人是自找的，那麼看到網路上炮聲隆隆確實覺得大快人心。比方說，原先大聲控訴遭遇特定族群暴力對待的人，結果被眾人發現根本是自導自演，最後在大家面前哭著道歉，並且意識到自己即將面對法律責任。又或者發表仇女言論的演員心不甘情不願地出來道歉，道歉中處處都是雷點，網友們也會爭先恐後地抨擊他。

然而有時候，做蠢事而道歉的只是個普通人，但殺紅眼的網路酸民繼續留言攻擊、嘲笑他們的外表，甚至私訊他們的僱主、人肉搜尋、挑起仇恨，或者威脅要對當事人的家人不利，這些極端行為對事情並沒有助益。對這些普通人的糟糕道歉窮追猛打往往只是單純的惡意，以極端失衡的網路力量霸凌當事人，就算我們覺得這個人道歉得很失敗，也不應該受到這樣不成比例的傷害。

除此之外，請自我提醒，對於眼前故事的來龍去脈可能只有片面了解。我們曾經轉發過一篇糟糕的道歉，內容是一名黑人政治人物為多年前說過的亞裔歧視言論致歉。後來與該事件相關的兩名亞裔人士很快私訊我們撤下這篇文章，根據他們的解釋，該政治人物早已投入資源增進兩個族群之間的合作和理解，只是最近有心人士刻意在網路上炒作這筆舊帳，目標就是把這名政治人物拉下台，以便安插自己陣營的人馬。我們也配合地下架文章，不在這場政治風暴裡攪和。

還有一次，貼文內容是關於一名普通運動迷因為喝醉酒向人惡作劇，清醒後給出糟糕的道歉。沒想到幾年後他聯絡我們，請我們刪文。事情雖然已經過了五年，但只要在網路上搜索他的名字，第一筆搜尋結果就是他那天酒後失態的報導，這讓他最近找工作時頻頻碰壁。我們選擇保留這篇文章，但給了當事人一個化名，這樣既能幫助到他，我們也可以繼續向大眾分析各種道歉案例。名人和政客可以砸錢請公關公司更改搜尋結果，讓負面新聞出現在比較後面的搜尋頁面，但普通人做不到，所以即使當事人是個混蛋，也不應該被逼得難以生活下去。

最後請永遠記住，有人因為你的憤怒而賺到錢。社群媒體會不斷試著惹火你，更多憤怒的網路用戶就意味著更多的點擊、更多的流量和更多的錢。正如社會學家和文化評論家卡敦（Tressie McMillan Cottom）所言：「現在的問題之一是社群羞辱，我原本認為它本身足以約束大多數人，但現在卻與經濟、政治和文化資本相互糾纏在一起。」說得有道理，我們為什麼要選擇讓自己的血壓飆高，並且讓馬克．

祖克柏發財呢？

在投入網路筆戰之前，不妨問問自己，你是否盡到自己最大的努力，提供更多的光亮而非單純的話題熱度。若真的要公開羞辱對方，最佳情況是當事人真的說出了無法辯解的仇恨言論。一般來說，我們還是鼓勵以私下教育的方式，嘗試鼓勵當事人反思，而不是引發激烈情緒反應，這樣做可以為世界帶來更多好處。

史密斯學院的羅斯教授在《紐約時報》發表過一篇文章：「當今的指控文化到底是在統一還是分裂社會正義呢？它並沒有促使任何一方進步。指控文化是為了挑戰故意傷害他人的挑釁者，或是我們無法控制的有權勢者，有效地批評這些人是實現正義的重要策略，但大多數公開羞辱都是傷到同個層級的人，並且是由那些認為自己更正直或更精明的人來實行的。」

作為深思熟慮的大人，我們需要能夠參與討論並處理爭論。我們當然不必一直都這麼理智，但老是站在旁邊對著天空吶喊，表現得自以為是對任何人來說都沒有多大用處。網路上受到直接傷害的人沒有責任教育其他人是什麼事情傷害了他們。不過，身為旁觀者的你，如果重視這個議題並且有餘裕跟親朋好友討論的話，請你就去做吧！心急如焚地與酸民展開筆戰可能會讓人感到充滿力量或興奮，但不妨想想，這是有效創造真正改變的方式嗎？

事實上，有時候其他人只需要些許提點就能理解的，不想要聽一個站在道德高點的人進行恐嚇性的說教。套用影集《良善之地》中的一句台詞：「人如果獲得外界的愛和支持就會進步，然而什麼東西都沒有得到，我們怎麼能怪他們不思長進？」

行動項目

- □ **接受道歉時請展現你的感謝之情**。如果這對當事人來說顯然是難以放下的大事，請不要告訴道歉者「小事啦」或「沒事」。
- □ **如果對方能夠道歉得更得體，請直接告訴他們**。你可以考慮送這本書給他們，但總之不要將就。
- □ **如果有人準備要真誠地道歉，先讓他們講完你再發表想法**。無論你是同樣想表達歉意，還是想告訴他們你需要更多時間考慮，「先讓對方講完」很重要。
- □ **你不必立即接受任何道歉**。你可以告訴道歉者需要考慮一下再回覆他們。
- □ **只有你可以決定是否要原諒**。去他的外界壓力！如果你還在考慮，並需要有人幫助你釐清想法，請跟信任的朋友或心理師聊一聊。

如何獲得更讓人滿意的道歉

請對方具體說明他們道歉的原因，例如：「我不知道你道歉是因為向鄰居大門潑油漆，還是因為害我被鄰居告？」

告訴他們你對哪個部分不滿意：「我生氣不是因為你遲到，而是你沒有打電話通知，感覺你不在乎也不尊重我們約好的行程。」

直接點明NG句型或用詞：「道歉時請不要說『如果』你傷害了我的感情。你明明知道已經傷害了我的感情，這就是你該向我道歉的原因。」

CHAPTER

09

「我在我私人島嶼上所說的話被斷章取義」：對名人道歉的剖析

觀察各方道歉最令人咬牙切齒之處，就是受到令人憎惡的名人道歉連續轟炸。

這是個「先有雞還是先有蛋」的問題：究竟是名人普遍比一般人更不擅長道歉，還是大眾容易因為他們的名氣，而更容易發覺到他們的道歉很失敗？也許問題在於他們的粉絲拒絕面對他們給出的差勁道歉。假設蘇珊的道歉很糟糕，家人朋友可能會不留情面地翻白眼，反觀名人道歉得很糟糕，粉絲會告訴他們(a)他們根本不需要道歉，(b)他們道歉是很勇敢的行為，自己願意原諒！

媒體名人平斯基博士（Drew Pinsky）進行過一項相關研究，發現名人比普通人更自戀。這邊要先提醒，他本人也是爭議人物，所以對於研究成果不妨持保留態度。他與南加大的會計、管理和傳播學教授——楊馬克（S. Mark Young）合作，研究指出實境秀名人的自戀分數最高，其次是喜劇演員、演員，最後是音樂人。平斯基博士表示，出現在公眾視線中的時間長短與自戀程度無關，這顯示名人在成名之前就可能有自戀傾向。

平斯基博士的研究方法是要求上他廣播節目的知名來賓完成「自戀人格量表」，該量表是歷史悠久的臨床工具，換句話說，他使用有效的自我評估測驗，但實驗手法並不嚴謹。儘管如此，名人可能比一般人更加自私也是有道理的，他們是受到公眾關注的人，總是充滿自信，在充滿競爭的環境中堅持下來。參與平斯基博士調查的「受試者」多半很成功，體驗到不少福利：奉承、金錢、免費的東西，這會讓他們更有可能相信「公正世界謬誤」。名人可能相信這是自己應得的或努力來的，但事實上是他們很幸運或者受益於特權。

舉個例子，有個新聞是名導史蒂芬．史匹柏的女兒，邀請影星西恩．潘的兒子演出一部由名作家史蒂芬．金的子女撰寫劇本的電影。非裔製片人倫納德（Franklin Leonard）挖苦地發文表示：「大家都說好萊塢是功績主義？」影星班．史提勒（本身也來自演藝世家）回覆他：「這樣說太簡化了……每個人都有自己要走的路。」倫納德接著提到名人的後代可能會走與大多數人不同的道路時，史提勒回答：「我敢打賭他們也都面臨過挑戰。與那些沒有管道進入這個行業的人不同。演藝圈是眾所周知的不好待，歸根究柢還是菁英能脫穎而出。」倫納德又問：「你如何解釋鏡頭背後缺乏多樣性的現象？」史提勒回答說，多樣性是「一個更大的問題」。事實上，這是同一個問題：由於競爭環境不公平，有些人比其他人更有可能獲得機會，這是「功績主義」背後的一個真相。

無論是因為他們生來的特質還是出名的原因，名人往往不善於為自己的不良行為承擔責任，他們的第一反應通常是指責媒體竟然報導出來，而這是一般人難以採取的策略。一旦名人發現自己的不良行為鐵證如山，態度可能會轉向「我從未說過自己是完美的」或「沒有人是完美的」。

確實，沒有人是完美的！這是一個很好的觀點，但也跟成功的道歉無關。一方面來說，如果我們以絕對完美的標準來要求自己，所有人都會失敗，就算我們實際上很優秀也一樣。無論我們多麼努力，都應該做好會犯錯的準備，如果我們知道如何為這些錯誤道歉，就超前領先其他人了。此外，不完美並不是我們當個爛人的理由，也不能成為逃避責任的藉口。

糟糕的名人道歉令人憤怒，但娛樂性十足

「道歉觀察家」網站上瀏覽量最高的文章是女星瑞絲．薇斯朋在酒駕事件後的道歉。當先生因為酒駕被警察攔下來，薇斯朋的態度不佳，被控妨害公務，她後來道歉：「我對自己所說的話感到非常尷尬。當時的情況很可怕，我也為我先生感到害怕，但這不是藉口，我對那位履行職務的警員不敬。那天晚上我所說的話絕對不等同於我平常的樣子。」

我們不確定為什麼大家不斷來看那則特別失敗的道歉。無論如何，她並不是唯

一為網站帶來流量的人。一般來說，關於名人、運動員和政客的糟糕道歉的文章，往往比我們嘔心瀝血分享道歉相關的文學、歷史或學術研究更能吸引點閱率。這也不難理解，我們對名人又愛又恨，看著這些非凡之人跌落神壇讓人產生幸災樂禍和看好戲的心態。儘管如此，嘲笑名人雖然有趣，也很有宣洩情緒的效果，但我們真的能從中記取教訓嗎？

話又說回來，難不成這世上一切都必須富教育意義和有營養才行嗎？就不能只是有趣無腦嗎？舉個例子，有一年坎城影展上記者詢問女星莎朗．史東對於前幾天發生的中國汶川大地震有何看法。她回應說：「中國對達賴喇嘛並不友善，他是我的好朋友。知道地震發生，我想說：『這是因果報應嗎？你對別人不友善，糟糕的事情就發生在你身上？』」

這段訪問引起輿論譁然，史東後來出面回應：「我說錯話了，我對這個錯誤感到非常後悔，這是無心之過，我在此道歉。這段話從來沒有傷害任何人的意思，是我一時不慎造成的意外，這也是媒體博版面的產物。」

哇，這段道歉根本就是一張糟糕的道歉賓果卡——「說錯話」、「後悔」、「無心之過」、「沒有……的意思」、「任何人」、「意外」、「一時不慎」和「媒體博版面」。她後續又向《紐約時報》發表更加雪上加霜的聲明：「一段惡意剪輯的十秒影片，破壞了我二十多年來代表國際慈善機構從事慈善服務的聲譽，對此我深感悲痛。」她又再次怪罪媒體，現在還增加額外的說明：我過去二十多年都是個大好人，現在被人陷害。這場公關災難真是既糟糕又有可看性。

我們要再次重申，好好道歉並不只是為了你自己。指責他人、哭訴自己的遭遇、吹噓自己長期以來的出色表現、責怪別人誤解你的意圖，透過這些行為來釋放你的自戀，只會讓你設法做出的任何道歉變得廉價，而且只會突顯出你的傲慢。無論你是不是名人，都需要先記住真正重要的是受害者的看法，而不是你個人的英雄氣概。

名人道歉通常是為了自我辯護，而不是表達悔恨。大家現在對於名人的道歉影片早已見怪不怪，這些影片經常讓人看得直皺眉頭，甚至衍生出各種惡搞的模仿表演。英國喜劇演員崔佛敦（Harry Trevaldwyn）就模仿過網紅如何試圖透過道歉來賺錢：「嘿，大家，我相信你們已經看到了新聞和發生的事情，非常感謝你們給我時間和空間來講述我的故事……這件毛衣是Zara的，輸入我的專屬折扣碼『Apology15』，就可以獲得八五折優惠喔。現在我們回來講我涉嫌謀殺的事情。」喜劇綜藝《周六夜現場》也很擅長嘲諷那些糟糕透頂的名人道歉。

名人的道歉很容易模仿，因為千篇一律，這邊我們引用一名推特用戶「諾維萊特夫人」（Madame Novelette）的推文來說明這一點，文章名為「所有男性同胞的公開道歉」：

嘿！大家好，我對涉嫌不當行為謙遜地認罪，同時立即重申，從我的角度來看，當時的我沒有做任何錯事，但現在我注意到事實上自己的行為可能造成了傷害。

考慮到我是一個多麼好的人，尤其是我竟然會犯這樣的錯誤判斷，真是太可怕了。我所做的這些行為（通常是反覆發生），並不能與我平常假扮的那個完美人設畫上等號。

這邊分享一些關於我童年創傷的小故事，但其實大多數都跟事件無關。我現在已經走出來了，雖然那些指控我惡行的言論激起了許多痛苦的童年回憶。

再次聲明這對我來說是很深刻的成長經歷，我非常感謝粉絲的支持，同時在此暗示那些不原諒我的人，都不像我一樣心胸開闊。但我是一個謙虛的好人，我尊重他們的決定。請讚美我的這篇新聞稿，否則你們就是泯滅人性，因為我這樣一個大好人以身作則，告訴大家做錯事情就該道歉。畢竟，如果我們不教育其他人道歉並不能神奇地抹消後果，他們怎麼會有動力道歉呢？

獻上誠摯的祝福，男人

很抱歉你威脅到我的代言了

名人很少主動道歉，有時他們道歉是因為這樣可以保住代言合約、比賽資格和表演機會。有些人也會有意識地選擇不道歉，因為不道歉是他們的招牌，例如那些以態度強硬、反政治正確為招牌的政客和脫口秀主持人，會無止境地談論自己拒絕屈服於道歉壓力是多麼高尚的行為。因為如果你道歉的話，粉絲會對你感到憤怒，這樣無法當個神壇上的英雄了。

我們一般人可能會做出各種努力，就為了避免再次犯錯而向人道歉，但名人經常反其道而行，因為名氣是能扭曲想法的毒藥。幾年前瑪喬麗獨自前往高級餐廳用餐時，被領班誤認為知名的兒童文學作家——蘿拉・英格斯・懷德。她因此受到特別待遇，不僅座位位置好，服務生還主動送上免費的氣泡水。瑪喬麗心裡很抱歉，從此再也沒有犯過同樣的錯誤，但她必須承認出名真的是令人陶醉，可以拿到最好的座位，獲得旁人羨慕的眼光！

再說，名人通常不需要親自寫道歉聲明。我們一直覺得歌手亞莉安娜的道歉很奇妙，她宣稱自己當年在商店裡亂舔架上甜甜圈是為了引起大眾對於肥胖議題的關注。正常人是不會想出這個說法的，八成是有一大票公關人員在背後操盤。

不過，亞莉安娜的危機處理團隊其實很認真。至於前棒球明星彼得・羅斯（Pete Rose）就是另一回事了。他在退役後擔任辛辛那提紅人隊的總教練，因為參與棒球簽賭而被逐出棒球界，時至今日靠著替球迷在棒球上簽名賺取收入。他的簽名球售價為九十九・九九美元，但只要花兩百九十九・九九美元，羅斯就會多幫你寫上「對不起，我簽賭」、「對不起，我解散了披頭四樂隊」之類的玩笑話。至少，這種自我嘲諷比亞莉安娜展現出來的天真無知要誠實得多。購買這些簽名球的人明確知道自己買到什麼，跟那些不小心買到被亞莉安娜口水汙染的點心的人不同。

可怕的名人道歉可以讓我們這些觀眾產生團結感——你我可能是無名小卒，但至少我們不像這個人一樣腦殘。在社群媒體上嘲笑名人也是很好的曝光機會，看著「讚」數節節高升，來自社群媒體的認可讓人上癮。

成功的名人道歉遠不如失敗的道歉那麼有趣，而且跟一般人的成功道歉有著相同的元素。女演員佛蘿倫絲・普伊（Florence Pugh）在Instagram上做出的回應就是成功道歉的例子，道歉原因是她過去在造型穿搭上有文化挪用的問題。雖然她的道歉有點冗長，而且不時讓人尷尬，但很明顯這些話都是她寫的，感覺不是公關團隊代筆。她似乎真的想改進自己的行為，讓人覺得很真誠。她提到曾向朋友炫耀自己的「粟米頭」[7]造型，對方的評語讓她意識到自己正在參與「剝削黑人文化」的過程。類似的事情還包括她因為好看，而在手上塗滿了印度彩繪（Henna），並且因為自己有印度裔朋友而覺得這樣沒關係。她這樣評價自己：「這連愚蠢都不是，我就是沒讀書，沒有好好學習這些知識。」她總結道：「黑人、印第安人、美洲原住民、亞洲文化與各種宗教在每一檔購物季都不斷遭受利用和濫用，欣賞一種文化之美並沒有錯，但為了時尚潮流而隨意組合、改變這些文化元素無疑是錯誤的行為。」

這是一個完美的道歉嗎？並不是，她說「向所有被冒犯的人道歉」，而且似乎不太明白她在八歲時與一名印度裔老闆「成為朋友」的故事並不重要，而且這也不代表她和那名老闆是真正的朋友。但看得出來她很努力，道歉之前顯然也做過功課。身為「道歉觀察家」，我們相信機會教育和提供改過的機會可以幫助更多人學會好好道歉，急於指責而不給道歉者得以改善的機會是無濟於事的。

螢幕上的人不是我們的朋友！

為什麼我們如此關心名人和他們的道歉？多虧了社群媒體，我們可以透過更親密的方式與名人互動。作者幾乎總是會回應「我好愛你的書」的推文，電影明星有時會轉發粉絲的歌曲或笑話貼文，而Instagram讓我們可以參與心愛的歌手在自家廚房料理的時光。少了過去經紀公司或媒體的層層把關控制，明星不再像過去那樣遙不可及，如今有時甚至會覺得跟名人相處的時間，比跟真實生活中的朋友相處的時間還要多。

因此，當名人讓我們感到憤怒或受傷時，我們會要求他們解釋，然後再對他們的道歉聲明挑剔到不行。這種與名人的單方面關係被稱為「擬社會人際互動」，本質上並不是壞事，它讓我們感到快樂、有參與感，與對方有所連結。有研究發現，一個人接觸影音媒體的時間越長，就越傾向於與裡面的人物建立擬社會人際互動。觀眾實際上並非真的認識名人或他們扮演的角色，但觀眾內在的連結感是真實的。換言之，我們對人生感到漫無目標時，看電視可以提供歸屬感。研究顯示，我們可以從友誼中獲得心理上的好處，例如安慰感、輕鬆和自尊。對於有一定程度社交恐懼症的人來說，影音就如同朋友一樣，讓我們感覺自己投入到人際關係中，而且不必面對尬聊、壓力或被討厭的恐懼。

---

7 cornrows，將頭髮梳成一排排小辮子的髮型。

然而，過度經由社群媒體尋求連結感也可能對心理健康造成負面影響。二〇一七年，匹茲堡大學醫學教授普里馬克（Brian Primack）主導的團隊研究了一千七百八十七名年齡在九歲到三十二歲之間的受試者。受試者分成兩組，一組每天瀏覽社群媒體兩個多小時，另一組每天只花半小時或更短的時間。研究結果指出，重度社群媒體用戶所感受到的孤獨感是輕度社群媒體用戶的兩倍。另一項二〇二〇年發表的研究發現，有百分之六十一的美國成年人自認「有時或總是」感到孤單，研究也顯示大量使用社群媒體與孤單感呈現正相關：百分之七十一的重度使用者表示感到孤單，而輕度用戶的比率為百分之五十一。也有另一項研究提供更詳細的報告，指出哪些使用行為會減損我們的幸福感：社群媒體上的「正面互動、社會支持和社會連結」可以減輕憂鬱和焦慮，但社群媒體上的負面互動和「社會比較」——將自己與他人比較，會導致較高程度的憂鬱和焦慮。

請記住，臉書汲汲營營於提供使用者產生負面互動的內容，「感覺不好」代表用戶會有更高的參與度和花費更多的時間。Instagram讓我們對自己的身材和社交生活感到不滿也並非偶然，儘管我們都知道所有人都在精心策劃自己的動態，讓自己看起來更快樂、更性感。Instagram不斷使年輕人的心理健康問題和飲食失調加劇，但其強大的演算法旨在讓你滑到無可自拔。

是時候開始抵制了！

過度沉迷於名人文化，我們不僅會產生名人是我們朋友的心理，而且過分相信我們腦粉的對象絕對不會做錯事，所以每次他們爆出醜聞，我們都會找藉口原諒：「他不知道那句話有歧視的意思！」「她會失言說搭檔是個婊子，那是因為巡迴演出讓她太累了！」「那些賤人都是為了撈錢才誣告他性侵！」

首先，當名人的行為導致其他人（尤其是邊緣族群）感到不受尊重或受到傷害時，粉絲無權以「他才不會這樣做」和「他們太敏感了」為由來免除這些疑慮。

大家要記住一點，混蛋是不分政治立場的，社群媒體也使這種情況加劇，有時受到無端攻擊的人是種族歧視者、恐同者、恐跨性別者、厭女者，有時發動網路攻擊的人是種族歧視者、恐同者、恐跨性別者、厭女者，左派和右派分子在社群媒體上都可能令人憎惡。對我們所有人來說，在這些社群媒體紛爭中插上一腳，是否有做出任何有價值的事情？我們只是想炫耀自己的觀點高人一等，還是認真想為關心的議題出一分心力？

然而，我們必須指出一點，儘管形形色色政治立場的人都在社群媒體上大肆宣揚自身觀點，但右派分子在「指控文化」方面的戰果可是相當顯赫。右派比左派更容易發起「指控／抵制」，也更有可能採取激烈行動抵制其他人的權利，例如開車衝撞抗議者、襲擊國會大廈、掃射非基督教派的教堂等等。「指控文化」的後果是什麼？好的道歉能阻止這一切嗎？這又有關係嗎？值得注意的是，絕大多數因糟糕道歉而走紅的人——以及那些發起抵制呼聲的人，都是本來就有名氣和影響力的。因為一般來說，我們這些普通人道歉失敗時，除了同屬無名小卒的親朋好友之外，沒有人在乎我們的道歉是什麼樣子。例外狀況是某個人的不當言行變成網路瘋傳的影片，然後當事人的道歉又讓事態火上加油。

對於大多數名人來說，不良行為和糟糕道歉的長期影響仍然不痛不癢，像梅爾．吉勃遜就沒有因為歧視猶太人的言論和長期對伴侶施暴而丟掉工作，更別提他那可怕的道歉了——「嘿，對不起，我喝醉之後說的話連我自己也不敢相信」。時尚品牌Dolce & Gabbana的服裝依然出現在世界各地的紅毯上，儘管該公司有多次歧視亞裔人士的前科，每次道歉也都四兩撥千斤。暢銷作家J．K．羅琳儘管公開承認自己「恐跨性別者」，但她仍然透過電影、周邊商品和主題樂園賺得口袋飽飽。知名編劇路易．C．K（Louis C.K.）也透過巡迴單口喜劇的方式高談「政治正確」的危險……名人真的遭受抵制的情況相當少見。這裡提供大家一個整體建議：請不要把名人當成榜樣。

行動項目

☐ **教導孩子不要盲目崇拜名人**。反之，為他們提供不同社群、公民運動等領域中真正的楷模。演藝人員或運動員要想成為「英雄」，除了做好工作本分之外，還應該多做一些造福世界的事情。

☐ **盡量減少使用社群媒體上的時間**。你可以寫電子郵件、寄明信片或拿起電話聯絡對方，比起無所事事地在網路上分享個人近況，還不如花時間建立一份你想多加聯絡的對象清單。

☐ **發文前請三思**。在加入名人掀起的社群混戰之前，請思考是否可以採取更具體的行動來幫助任何受到名人愚蠢或有毒行為影響的社群。

☐ **尋求快樂沒有錯**。綜合前面所述，請不要因為樂於享受名人失敗的道歉或八卦他們的私生活而自我譴責，在這個可怕的世界裡，能有這些事情分散注意力還算不錯，只需要意識到自己什麼時候耗費太多心力在這上面。

網紅道歉填詞模板

大家好！是我，我只是想＿＿＿＿（動詞）一直以來發生的＿＿＿＿（名詞）。我需要對你們坦白，因為你們是我的＿＿＿＿（名詞）。大家，我在情緒上感到很＿＿＿＿（形容詞），這事件的發生很＿＿＿＿（形容詞），我真的希望我＿＿＿＿（自我開脫的言論）。如果我現在沒有＿＿＿＿（產品），我不知道該怎麼辦，請往上滑了解更多。無論如何，我現在察覺到＿＿＿＿（語意模糊的陳腔濫調）並想向任何被＿＿＿＿（動詞）的人道歉。我自己的＿＿＿＿（負面名詞）創傷應該要讓我更加地＿＿＿＿（形容詞）。我們所處的世界是這麼＿＿＿＿（形容詞），我的目標始終是＿＿＿＿（動詞），我真的很感激你們的＿＿＿＿（名詞）和＿＿＿＿（名詞）。我非常＿＿＿＿地（副詞）認為自己會變得更好。我愛你們，非常感謝你們明確的＿＿＿＿（名詞）！

糟糕的道歉賓果卡 #6
名人版

好萊塢機器	我的藝術	打破 藩籬／成規	極端的	我的心嚮往
舊文 被翻出來	喜劇的角色	使用 我的平台	作為一名 藝術家	在私人 時間時
我進入這行	生在 一個…… 的時代	**自由 填空**	年輕時的我	我的 整個職涯 都是關於
挑戰極限	諷刺作品	我的（黑人 ／同志／女 性）朋友並 沒有生氣	只是 開玩笑的	私刑
與心魔對抗	天賦	積極正面	言論自由	媒體

CHAPTER

10

女孩，別道歉了，或者不要道歉……

性別、種族和權力

你知道這世上有所謂的刻板印象，已經聽過一百萬次了吧？女人太常道歉了，她們根本無法停止道歉。如果你斜視一個女人，她會道歉；如果你朝她丟啞鈴，她會向啞鈴道歉……女性道歉就像是一種傳染病！

不過，就像絕大多數籠統的簡化說法一樣，真實情況更加複雜微妙。我們先討論這個問題：女性的道歉頻率確實比男性要來得多，有大量的社會科學研究支持這一說法，然而光看這些研究結果無法告訴我們太多資訊。更棘手的問題是，為何女性比男性更常道歉？如果她們不這樣做又會如何？

我們先來看看滑鐵盧大學的心理學家舒曼（Karina Schumann）和羅斯（Michael Ross）的兩項研究成果。他們發現，男性道歉的次數少於女性，因為男性根本不覺得自己的行為有多糟糕，他們對於「需要道歉行為」的門檻非常高。值得注意的是，與女性相比，男性也不覺得自己需要別人的道歉，他們看待自己的越軌行為以及他人對自己越軌行為的嚴重性，遠低於女性對這些行為的看法。然而，當男性確實覺得自己做錯事情，他們道歉的機率和女性一樣高。做出認為自己需要道歉的不當行為之後，有百分之八十一的男性和女性都道歉了，而且兩個性別道歉的力度也相同。真正的區別在於，男性更有可能從一開始就不認為自己做錯事。換句話說，認為男性只是為了面子而拒絕道歉的普遍迷思，其實是錯的。

男人在人生大海中航行時沒有察覺到自己傷害了別人，同時自己也真心沒有感受到被人傷害，這表示他們並不是故意那麼遲鈍。不過，這項研究並未聚焦於為何男性比女性更不容易感到被冒犯，以及為什麼他們可能不認為自己的行為具有冒犯性。

為什麼男性比較不容易受到冒犯？

「道歉觀察家」認為有可能是因為這個世界對男性來說更友善。相較於女性，男性的行為比較少受到質疑，社會文化對男性在禮貌方面的要求以及行為的規範較少。除此之外，很多事情都以男性為優先，例如許多藥物只針對男性進行測試，因為女性容易因荷爾蒙變化和懷孕而讓數據「不準確」。汽車撞擊測試假人的尺寸是以男性為準，導致很多女性因安全帶尺寸不合而在車禍中喪生。

男性──特別是某些種族和階級的男性──比女性更容易滿足於當今世界是公平正義的想法，因為在他們眼中，這個繞著他們轉的世界的確是公平公正的。不幸的是，這種偏重男性經歷和男性生活方式的文化，對男女雙方都造成了傷害。正如女性主義評論家道爾（Jude Ellison Sady Doyle）所說：「這就是性別歧視運作的方式，當我們優先考慮男性的聲音和觀點時，男性自然會對自己的智力或技能產生過度膨脹的看法。這就好比他們還在騎三輪車，卻認為自己已經贏得環法自行車賽。」隨著世界變得更加公平，那些原本最相信一切都很美好的人反而會經歷一段最糟糕、幻滅的時光。

讓我們更詳細地了解女性和男性的道歉方式。語言學家霍姆斯（Janet Holmes）研究了一百八十三則道歉，發現女性道歉的次數是男性的三倍，而且在向其他女性（尤其是她們的女性朋友）道歉時的次數會更多。另一方面，男性向女性道歉的次數比向其他男性道歉的次數要多得多，三分之二的男性道歉是向女性道歉。霍姆斯的結論是，男性將道歉視為「危及面子的行為」，會想盡可能避免，而女性則將其視為「為他人著想」的行為，「旨在促進社群和諧」。與向其他男性道歉相比，男性似乎不太認為向女性道歉會危及面子。

許多關於「性別和道歉」的研究結果與「性別和戲弄」的研究結果相吻合。對於在戀愛關係中遭到戲弄，女性感到痛苦的比率比男性要高。即使男性認為自己的戲弄是沒有惡意或在打情罵俏，女性也更有可能對此感到受傷或生氣。該研究也指出，女性在戲弄另一半時，也比男性更容易高估自己行為的冒犯性。

這個社會在很多事情上的標準預設值是以男性為主，這一點男性有時會忘記或無法理解，所以每次女性被告知要原諒、要放下、要放輕鬆、幹麼認真……她們本來就不像男性可以如此輕鬆地看待事情。再說，女性不想要被奚落，也不希望別人被嘲笑，這明明是善良之舉，卻經常被認為是軟弱或反常的選擇。這也反映了社會對於女性的期待：她們要能掌握其他人的感受，察覺到細微差別和微小的侵害，並且在社會中負責進行情緒勞動（emotional labor），然後她們又會因為這些社會化行為而遭受批評——老天啊！

同時也有研究指出，女性在犯罪之後會比男性表現出更多的罪惡感，她們也比較會同情罪案的受害者，同時更願意原諒冒犯或侵害自己的人。是女性天生比較友善，還是後天被養育成更容易原諒他人？這很難區分，因為在社會文化中這兩件事是密不可分的。

我們還認為，由情緒不穩定的父母撫養長大的女性，學會將安撫當成一種生存策略。因為不知道父母何時會發飆或大哭大鬧，女兒可能會下意識地以不斷地道歉來避免遭受暴力虐待或情緒操弄。即使成年後離家、威脅不復存在，女兒還是會習慣性地以此應對人際關係。那些在類似環境下長大的兒子似乎較少選擇道歉，更傾向於退縮或猛烈反擊。

在混亂環境中長大的女性，也有為別人的行為道歉的傾向，同樣的情形也發生在與情緒不穩的另一半交往的女性身上，她們會替伴侶道歉（無論伴侶是否在場）。

雖然我們認為這種現象並非多數，但確實存在，如果你是遭遇這種情況的女性，我們想告訴你，你不必代替任何人道歉，也不必因為做真實的自己而道歉。

男女標準大不同

有大量證據顯示，關於道歉和原諒的標準也是男女不同。多倫多約克大學的團隊研究了男性和女性在犯下不當行為後，重新取得大眾信任的難易度。研究報告指出，女性犯下挑戰性別刻板印象的不當行為時，她們會經歷「雙重抵制」，因為無論是在職場還是在政治領域，女性都應該把其他人放在第一優先，而男性則應該表現出競爭力和獨立性，因此女性會因為不遵循「女性該有的行事方法」而受到更多懲罰。

「在希拉蕊．柯林頓電子郵件醜聞中，她的批評者聲稱她為了個人方便而將國家安全置於危險之中，將自己的需求置於公職人員的責任之上。」研究員弗勞利（Shayna Frawley）解釋道：「這就是打破信任和性別期望的明顯例子。」類似的情形也出現在一般職場上，如果女性做了有道德瑕疵的事情或是以「不具備團隊精神」的方式辜負了同事的信任，那麼對她來說，要重新獲得信任會比她單純只是工作表現不佳要困難很多。相比之下，由於社會不期待男性把別人放在第一優先，所以他們就算沒有團隊精神或做了有道德瑕疵的事，也不會遭受同樣的對待。

不過，男性的生活也不是那麼好過，他們容易因為表現不佳而受到更嚴厲的批評，因為他們「理應」在拚成就上不斷領先。沒有團隊精神無所謂，但就是不能失敗，一旦失敗就很難再獲得改善機會。女性反而比較有可能獲得第二次機會，但這是因為社會普遍預設女性不優秀，理所當然會搞砸。

對於那些看重大男人主義的男性來說，他們認為道歉是軟弱又女性化的行為。事實上，道歉可能對男性有害，尤其是他們打交道的對象是其他重視性別刻板印象的男性時。一般來說，如果男性以符合性別刻板印象的方式破壞了公眾的信任（例如外遇），那麼他就不太可能引起那些原本就認為「男人就是這樣」的群眾的憤怒。被視為「軟腳蝦」反而不利於這名男性重新取回失去的信任。一些研究人員表示，若能讓大眾認為男性試圖負起責任，那麼道歉確實會有所幫助。但正如你知道的，絕大多數的道歉都未能做到這一點。

最後，研究人員指出，繞著信任問題打轉的許多性別刻板印象都是潛意識的。女性不應該因為破壞信任而比男性受到更多的懲罰，男性也不應該因為犯錯而比女性受到更多的懲罰，可惜這個世界目前還無法改善這兩點，至少不是現在。簡而言之，道歉本質上是有性別差異的，那些未能檢驗性別與道歉關係的研究並不夠完善。

我們的結論是，女性道歉通常是一種必要的策略，但對男性而言則不然。當女性表現得太精明、不夠謙虛，就會被稱為「賤人」。道歉是一種讓自己顯得平易近人、謙遜的嘗試，有時甚至是下意識的反應。在一個以男性標準為預設值的世界裡，這也是女性可多加利用的重要工具。有些專家會指責道歉損害了整體女性的尊嚴，但這麼說並不公平，因為這個社會對女性的評判標準與男性完全不同。

還有更多證據顯示，女性在說話時比男性更容易受到打斷。只要女性談話的時間占百分之三十時，男性就會認為女性在談話中占據主導地位，二〇一七年的一項研究發現，學術研討會中男性發表口頭研究的比率為百分之六十九，而女性則為百分之三十一。如果女性一直都有辦法直接坦率地表達自己的想法，並且被人好好地傾聽，那就太棒了。

指責女性和其他多元性別者做出與刻板印象不符的行為，其實也是一種檢討受害者。這讓我們想起了一篇糟糕的社論，其認為女性薪酬過低是因為她們的能力比不上同行，而且她們也不愛要求加薪。這是天大的謊言！有調查發現女性是會要求加薪的，美國和英國的研究團隊針對四千六百多人進行一項調查，發現女性與男性提出升職加薪的比例是一樣的，但調查發現，女性的加薪要求更容易被打槍。

對不起，我拒絕了你

道歉對女性和男性的作用不同的另一個方面與拒絕有關，女人花很多時間擔心男人在情感上受到傷害，因為男人感到受傷的後果從生氣到激烈報復手段都有可能。我們不得不引用知名作家瑪格麗特．愛特伍的名言：「男人害怕女人嘲笑自己，女人害怕男人殺害自己。」

達特茅斯學院和德州大學奧斯汀分校的研究人員發表一項共同研究：〈當說抱歉可能無濟於事的時候：道歉對社交拒絕的影響〉。他們發現社交拒絕若伴隨著道歉（對不起，我不想和你約會），被拒絕的一方不會感到受傷，但會比收到單純的拒絕更生氣。收到道歉的被拒絕者覺得自己必須原諒，即使他們並不想原諒對方。這樣看來，女性擔心拒絕男性會造成不良後果顯然是有根據的。

這個研究結果很令人沮喪，原因在於這項研究的機制設計非常巧妙，它並沒有特別預設哪個性別立場。研究人員的總結是，你道歉時對方會更生氣，因為他們知道自己應該原諒你，但心裡不想原諒，所以無論有意或無意，他們都想讓你受到更多處罰。矛盾的是，社會期待女性應該表現得友善，並溫柔地拒絕男性，但是她們這樣做的時候，反而無意中讓男性更加生氣。研究人員指出：「這些發現提供了初步建議，讓人以破壞性較小的方式在社交領域拒絕某人。」但我們「道歉觀察家」的態度是，為什麼要讓說「不」的一方承擔起被對方傷害或報復的責任？提出拒絕只是在表達自己的喜好，為什麼還要為對方的感受負責？

話說回來，「道歉觀察家」的宗旨是教導大家做出更好的道歉，而不是建議如何減輕有毒的男子氣概對我們文化的影響，市面上已經有更多好書在講述這個議題了。單純從道歉的角度來看，如果大家都能有意識地調整道歉方面的性別偏見，並觀察社會標準如何根據道歉者身分的不同而改變，那麼我們都會過得更好。千里之行始於足下，而洞察力是這趟改變之旅的第一步。

女性的過錯更難獲得原諒

獨立記者強．朗森的《鄉民公審》一書講述了社群媒體的殘酷。書中著墨最多的案例是記者兼作家喬納．雷勒（Jonah Lehrer），雷勒某本著作中引用的巴布．狄倫言論是他自己捏造的，甚至還一稿多投，把發表在不同雜誌中的文章稍加改寫便交給其他出版社騙取稿費。他很習慣編造各種名人軼事來當寫作素材，犯行數也數不清。

他的所作所為「破壞了新聞業最基本的規則：不要胡亂編造」。

這傢伙在網路上受到嘲笑，出版社也下架了他的兩本書。但你知道嗎？雷勒沒多久就高價賣出另一本新書的版權，對他來說，後果並不嚴重。

朗森書中另一個深入討論的案例則是知名公關——賈絲汀．薩科（Justine Sacco）。她在推特上發了一則玩笑話：「前進非洲，希望我不會得愛滋病。開玩笑的啦，我可是白人吔！」不可否認，這個笑話的品味很差也不好笑，但我們認為，薩科的本意是想嘲諷某些安逸的白人女性，她們會輕率地說出歧視言論，而且也不明白自己相較之下擁有多少特權。但她的玩笑話是一場澈底的災難，等到她搭乘的飛機降落非洲時，不僅職業生涯毀了，甚至還收到了死亡威脅。她即使道歉得很合宜也沒有用，以下是道歉內容：

言語無法表達我的歉意，以及我有必要向南非人民道歉，因為我的一則不必要和草率的推文冒犯了他們。這個國家正面臨嚴重的愛滋危機，我們只在美國讀到危機的報導，但並沒有親身體驗過生活在其中有多困難。不幸的是，人很容易對從未親眼目睹過的傳染病表現得漫不經心。

這場危機不分種族、性別或性取向，讓我們所有人都感到恐懼。我對這場危機以及數百萬感染該病毒的人的態度太過粗率，我感到很羞愧。

這篇聲明幾乎涵蓋了良好道歉的所有要素。薩科承擔起自己失言的責任，不找藉口，也表示了解自己這段玩笑話的影響。最大的缺點是她沒有提供彌補方案，但假設她說「我已經向南非愛滋病基金會捐款」，大眾可能會認為這只是一個懦弱、善於操控人心的賤人為了博取同情的說詞。薩科也沒有在道歉中精確地重複她到底說了什麼樣冒犯的話，不過以這個案例來說，複述那段話並沒有必要，而且在網路上是人盡皆知。

薩科後來告訴朗森：「我沒有權利在公共平台上以如此政治不正確的方式討論傳染病危機……每次談到第三世界發生的事情時，生活在美國讓我們有點與真實世界脫節，活在粉紅泡泡裡，我本來的用意是想取笑這一點。」容我們再說一遍，這個笑話真的很不好笑。

但是讓我們比較一下薩科和雷勒犯下的過錯，薩科的一生都被毀了，而且還收到死亡威脅。雷勒做了更糟糕的事情，多年來反覆地盜用抄襲別人的作品，針對研究數據斷章取義，捏造資料，欺騙他的出版社和雇主。然而，他在公眾眼中被赦免的時間點要比薩科快得多，而且針對他的惡意也少得多。事實上，《哈佛商業評論》上有篇文章表示，雷勒並不像安隆公司或雷曼兄弟那麼糟糕。哇，說得好有道理，他也不像希特勒那麼糟糕，難道這就能為他的所作所為開脫嗎？

朗森書中討論到另一名女性案例。琳賽・史東的工作與輔導有特殊需要的人有關。有次她和朋友在國家公墓寫著「肅靜和尊重」的牌子前拍了一張比中指、假裝在大吵大鬧的自拍照。悲劇的是，史東不小心把這張惡搞照的觀看權限設成公開，於是很快就在網路上瘋傳，引發軒然大波。但全世界都看到了她的照片，然後她糟糕的道歉無疑是雪上加霜：「哇，哇，哇……顯然我們無意中對那些為我們國家服務或曾經為我們國家服務的人們表示不尊重。」正如我們在其他地方指出的，「顯然」這個詞從來不屬於道歉。

史東失去了工作，更糟糕的是，整整一年幾乎無法踏出家門半步，她收到許多強暴和死亡威脅，並陷入了重度憂鬱。她花了兩年時間，並且花錢讓自己名字的搜尋結果和負評降低排名，才終於找到另一份工作（薩科則是四年後才重新回到原本的職位）。

反觀雷勒，他只低調了一年就復出，而且事隔多年才在一次演講中道歉（他獲得兩萬美元的演講費）。他宣稱都是自己超高的智商才導致他慣性撒謊的傾向，所以新聞圈需要制訂規則和流程，以確保像他這樣的錯誤不再發生……所以是新聞業的錯，不是他的問題！（有趣的是，新聞圈如果真的缺乏規範，為什麼還有那麼多記者可以抵抗捏造資訊和抄襲別人稿件的衝動呢？）

雷勒不溫不火的道歉無意外地足以拯救他的形象——就像其他享有特權的白人的道歉一樣。這很諷刺，女性的道歉似乎比男性的道歉更難幫助她們擺脫困境，明明這些女性通常都不像那些男性享有那麼高的權力地位。你可能會以為既然社會預設女性很軟弱又容易犯錯，那麼她們更容易被原諒，那可就錯了。

道歉和權力也跟性別有關

《實驗心理學雜誌》最近的一項研究發現，地位高者的道歉比地位低者的道歉更不可信和感覺沒那麼真誠，但正如我們在許多男性名人身上看到的那樣，可信度高似乎並不等於獲得權力，而缺乏可信度也不會導致權力的喪失。

以色列海法大學的切辛教授（Arik Cheshin）主導一項跨國研究，找來數百名受試者。研究人員讓受試者觀看豐田汽車執行長哭泣和道歉的真實影片片段，因為他知道自家公司的汽車存在著致命的煞車問題，但沒有採取任何行動。研究人員會隨機告知受試者，影片中的人是豐田的執行長或基層員工。只要受試者被告知道歉的人是執行長，他們就會覺得這個道歉比較不真誠。絕大多數人認為，執行長比起基層小職員更擅長策略性地操縱他人的情緒。切辛教授在一份報告中表示：「他們的假設是，執行長因為會失去更多事物，因此有更強烈的動機試圖操弄情緒來激起他人的同情。」人們更願意原諒基層員工的違規行為，並且想出一番說法來解釋為什麼基層員工應該被原諒。不過，「道歉觀察家」認為有權有勢者的道歉到底受到什麼樣的評價並不重要，因為他們多的是辦法可以保住自己的權力。

切辛教授認為這項研究的結果可以類比到政治等其他領域：「政治人員的職位越高，我們就越傾向認為他們更善於控制自己的情緒，並策略性地利用情緒。」我們對他的推論感到懷疑，因為男性道歉常常被視為軟弱的表現，因此我們認為男性政治人物的道歉就算被視為不真誠，實際上也沒有太大的影響，甚至可能反而對其形象有所幫助。我們認為，女性政治人物則是最好完全不要道歉，無論她們被視為愛搞事的人或軟弱的人。

我們認為道歉背後僵化的性別觀點正在改變，事實上看起來也確實如此。這並不代表男人會做出很成功的道歉，但我們希望這本書能有所幫助。目前，我們所有人能做的就是希望找到優秀、公平和有正義感的上司（不論性別為何）——眾所周知，並不是所有女性都擅長支持其他女性——並利用我們的直覺來判斷什麼時候道歉是明智之舉，什麼時候又不是。如果你是身居上位，請以身作則，確保讓女性能夠好好發言，並意識到明顯不公平的競爭環境。

男性隨處赦免自己

前面提過女性比男性更有可能向受到自己傷害的人道歉。至於男性通常是在情況有需要（例如#MeToo道歉）時，才會向公眾道歉，而不是好好向最需要聽到道歉的人道歉。比爾．柯林頓便承認自己從未向莫妮卡．陸文斯基道歉，他只對當年和陸文斯基爆出的緋聞道歉，而從來沒有向這個被他毀掉生活的人說「對不起」，似乎不怎麼讓他感到困擾。

比爾．柯林頓大概是認為，因為他已經對自己的過錯和謊言反思了，並在公眾領域解決了這些問題，所以他安全下莊了。擁有這種想法的男性不在少數，散文家盧芙伯羅（Lili Loofbourow）針對這個現象寫過一篇文章，提到演員傑佛瑞．坦伯爾（Jeffrey Tambor）的例子。坦伯爾在拍攝電視劇期間，不斷謾罵、貶低同劇組的女演員潔西卡．華特（Jessica Walter），他後來是對著房間裡的所有人道歉，說自己之後會好好改進，盧芙伯羅寫道：「在場其他男演員都開心地接受了，並認為事情已經解決。對他們來說，受傷的潔西卡．華特接不接受並不重要。」盧芙伯羅繼續寫道：「美國對承認自己缺點的男人很和善，認為男人在做了可怕的事情之後表現出悔改誠意的故事非常浪漫。」

但這種「自我寬恕」根本不該受到吹捧，這又不是在自助結帳，你沒辦法跳過中間的那個人，也就是你真正需要道歉的對象。

盧芙伯羅指出：「如果你想知道女性為什麼如此憤怒，那是因為這種自我寬恕儀式往往將受傷的當事人排除在外。自顧自地『談論你將如何做並變得更好』實際上並不是很好的和解方案，既不提供報應性正義，也不提供恢復性正義。只優先考慮公眾的接受度，而不是與真正的受害者面對面，彷彿受害者根本不存在。但這個手段卻又相當有效，身處於公關戰爭永無休止的時代，我們極度渴望看到任何展現真誠的跡象，導致只要那些犯錯者自稱正在努力改變，大眾就急於鼓勵他們。」

女性就不太可能這麼欣然地「自我寬恕」，不過還是有些例子，例如在《享受吧！一個人的旅行》一書中，作者伊莉莎白・吉兒伯特在印度修道院的屋頂經歷了一段「我原諒自己的過錯」的心路之旅，很多人都覺得這個經歷感人又美麗，讓年輕時的遺憾得以圓滿。

「道歉觀察家」並不認同自我寬恕的行為。如果有人因為你的言行而受傷，你也知道自己需要負起一定的責任，那麼你就必須向對方道歉。對方如果不原諒你，那麼你也必須承受，因為你無權決定其他人的感受。

總結來說，道歉對女性而言可能是個地雷區，但對男性卻不然，也許這就是為什麼當今有一項運動是鼓勵女性說「謝謝」而非「對不起」。

改變習慣用語帶來的可能變化

這項運動是由紐約的漫畫家姚曉（音譯，Yao Xiao）所提倡的，「道歉觀察家」同意她的一些建議，例如不要說「對不起，耽誤你的時間」，而是改說「謝謝你花時間幫助我」，這樣的表達方式很好，因為不會流於自我否定的說話習慣。不過如果你遲到了，就請直說「抱歉我遲到了」，可別說「謝謝你耐心等待」這種打太極的話！

二〇一八年，《富比士》雜誌刊登了專題報導，許多職涯教練提出不同的「對不起」替代方案。我們喜歡職涯教練海瑟．墨菲的建議，如果你準備說明專案或報告需要延期的話，請避免在句子中夾雜「對不起」，不如改說：「我們還在進行資料的統整，謝謝你的耐心等待，下周五之前你就會收到檔案。」這樣的說法可謂一石三鳥，既認知到對方所經歷的不便，也暗示工作內容繁複，最後則提供解決方案。

職涯教練洛倫．馬戈利斯則討厭「對不起打擾／打斷你」這樣的說法。馬戈利斯建議，在會議中只要有空檔，你就可以禮貌地直接發言，不必以道歉來當開場白。

如果你想問老闆是否有時間，可以說：「請問現在方便我快速問點事情嗎？」馬戈利斯進一步說明：「請不要因為提出有助於你完成工作的意見或問題而道歉。」如果你受到來自他人的批評指教，職涯教練傑・史蒂文・萊文則建議不要反射性地開口道歉，而是說：「謝謝你指出這一點，請問還有什麼事情是我需要知道的？」他解釋說：「專注於實現預期結果的必要因素是比較實在的做法。」

然而，有時女性道歉是出於團結和同理心，這些都是美好的動機。莫妮卡・陸文斯基曾經說過，在經歷了多年的創傷之後，讓她卸下心防的一句話就是「我很抱歉你如此孤獨」。她一直有家人和朋友支持她，但當年那些捲入白宮醜聞的人裡面，有很多是她原本以為是朋友的人，幾乎都選擇拋棄她。「在那片名為孤立的大海裡游泳是很可怕的。」她說：「對於暴君來說，孤立是非常強大的工具。」

只是這些方法說起來容易，做起來難。想對道歉進行有意義的探索，都必須先審視結構性的不平等，也正是這些不平等讓「道歉」或「不道歉」變得有意義。

行動項目

☐ 請明白，就像社會上絕大多數的事情一樣，道歉也會受到性別和種族等刻板

印象的影響。若你覺得自己被迫道歉或對方欠你一個道歉時，請先思考一下你自身的偏見和文化環境。

☐ **如果你是女性，請不要對於以「謝謝」取代「對不起」感到有壓力，你想調整時再做就好。**如果你想嘗試一下，認為這有助於增加你的權威，請從一些簡單的練習開始：

☐「謝謝你幫助我」而不是「抱歉我自己做不到」。

☐「感謝你的傾聽」而不是「抱歉，我太愛發牢騷了」。

☐「謝謝你抓出這個錯誤！」而不是「對不起，我打錯字了」。

☐ **如果你是男性，請善用你的特權幫助女性。**你是否注意到開會時都是男性滔滔不絕地發言，導致女性只能勉強找機會插話表達她們的意見。你可以提供一點助力，像是用你響亮的聲音說：「我想聽聽〇〇（女同事姓名）的想法。」若女性認為大家很歡迎自己發表意見，她們就不太可能為此感到不好意思。

☐ **善解人意的道歉是不分性別的，**這樣的道歉應該不會出包。例如：「我對你家狗狗的事情感到抱歉」、「我很抱歉你踢到那塊大石頭」、「我很抱歉你找不到電視遙控器，只好把那部難看的爛片看完」。

時常說「謝謝」而不是「對不起」

「謝謝你幫我按住電梯」而不是「抱歉讓你等我」。「謝謝你幫忙換機油」而不是「我很抱歉讓你得處理換機油的問題」。「謝謝你喝了劣質的白巧克力覆盆子愛爾蘭奶酒，特別是你還告訴我你不想要加奶油。」等一下，不對，你確實應該為此道歉！

糟糕的道歉賓果卡 #7
性騷擾版

扭曲我的話	展現熱情	只是表示友善	我是有女兒的父親	獨立事件
指控	這些所有的事實	確定有效性	他們的動機	獲得我需要的幫助
輕率	太敏感	**自由填空**	非我的本意	如果我越界了
尊重	負起責任	有些說出口的話	毫無根據	若有任何冒犯
我問心無愧	被視為	想到這一點就很震驚	作為一個年輕人	被誤解

CHAPTER

11

持續努力，讓漣漪擴大

有些詞彙似乎容易讓人聯想到特定的政治立場，例如「榮譽」這個詞受到保守派的喜愛，而「正義」則經常受到自由派和進步派的推崇。雖然文字常常被貼上標籤，但「道歉」這兩個字應該要跨越所有立場。正如影集《良善之地》的台詞：「重要的不是人是好還是壞，而是他們今天是否努力比昨天做得更好。」

世界上沒有人是完美的。每個人都會犯錯，都需要被允許從失敗的經驗中學習，而不是因為自己不知道的事情飽受批判和羞辱。這是一個醜陋的時代，許多國家的政客和宗教領袖都在極力煽動大眾相互對立。可憎的感覺會得到可憎的反應，而可憎的反應會加劇輕蔑、恐懼和憤怒的孳生，而當代社會似乎在鼓勵我們盡情將這些感受發洩到別人身上，我們必須有意識地選擇反抗。

哈佛商學院教授艾美．艾德蒙森發現，公司如果鼓勵員工承認並主動告知自己的錯誤，不用擔心被羞辱或處罰，那麼員工在討論問題成因、改善方法和預防措施時會更有信心，也不會再次犯下同樣的錯誤。她說，最有凝聚力和最有效率的團隊是那些報告了最多錯誤的團隊，因為他們覺得沒有必要忙著掩蓋問題、相互指責或推卸責任。

道歉相關策略

再次強調，我們並不是要你拚命道歉和寬恕，如果你真的不覺得抱歉，就算在尋求值得信賴的朋友或心理師討論過之後，依然抱持這樣的想法，那麼請不要道歉。我們認為你也有權利不接受別人道歉，對於是否寬恕擺出故作輕鬆的態度是不健康的行為。

然而，有些方法可以讓你與世界產生更強烈的連結感，我們稱其為「道歉相關策略」。就像道歉本身一樣，它們都是嚴重受到低估的行為，卻蘊含著讓人對這個世界感覺更美好的強大力量。

加州大學河濱分校的心理學家索妮亞．柳波莫斯基進行一項研究，要求受試者寫感恩日記，一半的受試者每周寫一次，另一半每周寫三次。他們對各種各樣的人事物表示感謝，比如親愛的媽媽，或是課堂上的臨時小考沒有不及格等。然而，只有每周寫一次的那組受試者能夠顯著體會到感恩日記的好處。柳波莫斯基的推測是，這項活動對那些每周只寫一次的人來說，仍然相對有新鮮感和有意義，而對每周寫三次的人來說，很快就變得像在寫作業一樣。同樣的道理，道歉和寬恕不應該成為家庭作業。

選擇看到生活中的美好事物並保持感激之情，是很有價值的習慣。柳波莫斯基寫道：「當你真正意識到家人和朋友的價值，就會對他們更好，從而產生正面循環。這些穩固的關係會帶給你回饋，讓你心生感激，願意再回報加強這些互助關係。」

善良是一種自我實現預言，善意對待他人可以對自我認知產生正面影響，你會認為自己是無私且富有同情心的人，因此在感到更加自信、樂觀和樂於助人的同時，行為上也會表現得更加自信、樂觀和樂於助人。

暢銷作家珍妮佛．韋納在小說《小地震》中描寫了一個令人印象深刻的橋段。女主角貝姬有個可怕的婆婆，總是嘲笑貝姬的體重、百般挑剔，甚至企圖破壞貝姬與兒子的婚禮。貝姬每次極度憤怒時都會強迫自己深呼吸，想像這個可怕的女人還是個嬰兒的模樣：「小女嬰在嬰兒床上號啕大哭，希望爸媽過來安撫自己。」貝姬想到嬰兒要是經常受到照顧者的冷落，匱乏感會扭曲小孩的心靈，導致習慣性地推開那些自己渴望靠近的人。這樣的想像讓貝姬比較能夠面對婆婆的一言一行。我們並不是要你非得原諒傷害你的人，而是想告訴你，如何降低他們對你的心理造成的不良影響，甚至進一步讓你本身的言行有所變化，變得更快樂、更輕鬆。

你比自己想像中的更值得讚賞

另一個與道歉相關的小技巧：寄一封感謝信。我們經常以為傳訊息或電子郵件沒什麼大不了的，事實證明我們錯了。

社會心理學家庫馬爾和艾普利於二〇一八年發表的研究論文〈被低估的感恩〉提供了寶貴的見解。他們要求受試者寫感謝信給那些幫助過自己的人，並預測收信人會如何反應。受試者認為收信人應該會有點驚訝和高興，但多少也會因為突如其來的讚美覺得尷尬。結果兩者都不是，收信人簡直愛死了！收信人都表示收到感謝信讓他們「欣喜若狂」，一點都不覺得尷尬。

這個實驗反映出人的預期與現實有著極大的差距，顯然我們人類不善於預測別人對我們善意的反應。庫馬爾和艾普利寫道：「我們發現，表達者可能會出乎意料地擔心自己表達感激的方式是否到位，而接收者更關注的是底下溫暖、正向的意圖。」

換句話說，你不需要擔心自己文筆不好或害怕表達的時候不夠熟練流暢。完全沒有必要如此，因為大家會比你想像的更樂意接受你的感激之情，你只管感謝就對了。

瑪喬麗受到這項研究啟發，自己做了一個實驗。她老家有間在地的劇院會邀請國中生免費去看莎士比亞劇目。瑪喬麗永遠不會忘記當年看的《暴風雨》，對於一個不知道莎士比亞可以如此有趣、感人的小孩來說，這帶來很大的啟發，影響了她後來在大學選修相關課程。於是瑪喬麗決定寄一封電子郵件給該劇院，除了分享這段回憶也感謝他們提供的機會。她收到了劇院現任總監的回覆（老實說，瑪喬麗看那部舞台劇時他可能還沒有出生），他說她的來信令人士氣大振，他也跟劇院團隊分享內容，提醒大家這些活動是有意義的，這讓團隊產生一股很棒的動能。

庫馬爾和艾普利指出，受試者傾向挑選他們認為接受度高的人來感謝：「因此，人表達感激之情的意願高低是由接收者的預期回應所主導。」既然人傾向寫信給那些可能會以開放的態度收下感謝的對象，那麼我們若在生活中也是很願意傾聽的人會怎麼樣呢？如果我們面對道歉也能抱持類似的態度，樂於肯定成功的道歉，而不是被網路上那些草率的道歉所激起的情緒牽著走，社會氛圍也許就會慢慢改變。

主動聯繫的重要性

庫馬爾和艾普利也請受試者不特別基於什麼理由寄卡片給別人，分享笑話、打個招呼都行。他們在研究論文中寫道：「這項實驗也證明了，受試者再次低估與他人進行溫暖、有利於社會的互動所帶來的正面效果。」

新冠疫情所帶來的少數好處是大家寫信的數量增加。美國郵政局的一項調查發現，在疫情期間六分之一的消費者寄送了更多郵件給親朋好友。與抑鬱症有關聯的是，疫情期間，由於社交隔離的緣故，大眾的焦慮症狀也急劇上升，但如果可以找到內心與人有所連結的時刻，則能幫助我們感覺比較好一點。

史丹佛大學於一九六九年至一九七四年間曾進行一項研究，追蹤八百四十三名因憂鬱症或自殺念頭住院的患者出院後的情況。一半的受試者每年會收到四至五封他們住院時認識的人親筆寫的信件，雖然這些信的內容很簡短，多半是「很想你，希望你一切都好，如果你願意的話歡迎回信」；另一半的受試者則沒有收到這樣的信件。在出院後的前五年裡，有收到信件的那一組人自殺的可能性遠低於另一組——這個現象在出院後的前兩年尤其明顯，可以推測這段時間是人最需要情感連結和支持的時候。那種「我有想到你」的支持力量，也許是許多人下意識地想在疫情期間，透過信件為自己和他人帶來的。

再次強調，傳送這樣的訊息不用花很多時間，你不必像寫小說一樣長篇大論或精彩絕倫，只需寫下幾句話就可以讓對方知道你關心他。如果我們因為認為接收者會對我們表達的方式品頭論足，或者認為他們已經知道我們心中的想法而放棄行動，就會失去建立連結的機會。以學術術語來說就是：「表達者可能會認為接收者已經明白他們的感激之情，這種『知識詛咒』導致『表達』顯得沒有必要。」

「知識詛咒」指的是一種認知偏誤，即我們誤認為其他人擁有與自己相同的訊息或知識。例如，經驗不足的教師可能無法設身處地為學生著想，因為他們無法理解那些跟自身成長背景不同的人的感受。有些天真的社會運動家可能會認為所有人都同樣關心自己在乎的議題，而沒有考慮到不同的人會有不同的價值觀，從而影響他們對議題的看法。

「道歉觀察家」認為「知識詛咒」的確有可能妨礙我們向人道歉和接受道歉，因為該道歉的人可能會想「他應該知道我覺得很抱歉」，而應該收到道歉的人可能會想「他應該知道我沒有那麼生氣才對」。與其大玩猜心術，不如直接說出「我想告訴你我對○○事件很抱歉」或「我原諒你做了××」，擺脫知識詛咒對每個人都有幫助。

自我懷疑阻礙我們在生活中積極建立社交連結。明明擁有這美妙的幸福源泉，但我們沒有善加利用。事實上，庫馬爾和艾普利的研究顯示，表達感激之情會讓表達者（而不只是接受者）更快樂。

心理學者克勞德．史坦納提出「安撫經濟學」（stroke economy）的概念，認為我們都面對人為因素造成的善意和讚美稀缺性。生活中充滿了我們尊敬、喜愛或欽佩的人，但我們很少告訴對方，這些無聲的讚美導致了短缺現象。反過來說，你的生活中可能充滿對你有好感的人，但他們不會跟你分享，通常是因為覺得會很尷尬。但大家如果都能知道這些被藏起來的祕密讚賞，不是也很好嗎？

關於慷慨待人

我們可能會告訴自己，沒有好理由要經常表達感謝、讚美，或是為小事道歉。對方搞不好會覺得我們控制欲很強、假掰，或者太超過。人習慣說服自己認為這些小事不重要，但事實並非如此，這些藉口只是讓我們免於付出努力。

《科學》雜誌刊登過一篇關於「花錢在他人身上能夠提高幸福指數」的研究顯示，除了在情感上慷慨待人，財務方面的慷慨也能為給予者帶來回報。道歉只是建立社群並保護社群免受傷害的眾多方式之一。我們近期讀到一篇介紹「什麼都不買」社團的文章，社團成員會貼文公告自己有哪些多餘不要的物品，或者想要募集什麼樣的二手商品，讓既有物品能夠循環使用。其中一名社團發起人表示：「我認為，參與這個社團能夠幫助成員深入了解自己是誰、想要怎麼生活以及成為某個社群一分子的真正意義是什麼。」

這些社團鼓勵住在同個地區的人相互了解和信任，並在需要時尋求幫助。幾年之內，四十四個國家就出現了五千五百個「什麼都不買」的社團，成員甚至在疫情期間互相支援。「什麼都不買」的社團也不是夢幻烏托邦，階級和種族歧視仍時有所聞，然而社團管理員並不否認這些偏見的存在，而是設法與之抗衡。《華盛頓郵報》的一篇文章宣稱：「管理員正在接受設定黑名單，以及提升社團成員多樣性的相關教育訓練。」發起團隊還制定了一份不斷更新調整的社團規範。

我們作者兩人也想起了大名鼎鼎的火人祭[8]。火人祭也有類似的「禮物經濟」，自給自足和分享是火人祭精神不可或缺的一部分，你在活動現場唯一能花錢買到的是冰淇淋和咖啡這兩樣。活動參與者會送陌生人驚喜小禮物，而且交流時大家都會看著其他人的眼睛，真誠地希望能認識他人和受到讚賞。

自發地寫信、分享回憶、主動道歉、努力了解其他人的真實樣貌、贈送禮物以及以脫離資本主義經濟的方式交易，這些行動都有助於創造一個更美好的世界。（當然，請善用你的判斷力，不要向一個再也不想收到你消息的人道歉，不要為討厭驚喜派對的人舉辦驚喜派對。）

當我大聲說出你的不當行為

某個炎熱的日子，麗貝卡・海耶斯在「退伍軍人專用」停車位停好車，接著衝進超市買東西。她離開的時間並不長，但足以讓人在車窗上留下這張字條：「這個停車位是為退伍軍人準備的，女士。請你增進閱讀能力並給予一定的尊重。」

海耶斯稍晚在臉書上發布了這張紙條的照片，並附上一段令人震撼的文字：

致今天在我擋風玻璃上留下這張紙條的人，這是第一次，而且我不會再這樣做了，很抱歉……

很抱歉你看不到我在美國海軍服役八年的經歷。很抱歉，你狹隘的仇女世界觀無法想像有女性退伍軍人的存在。很抱歉我必須和像你這樣的人解釋自己的行為。最重要的是，我很抱歉我們沒有機會面對面地對話。

而且你沒有表明自己身分的正直和勇氣，而這正是軍隊看重的人格特質。這也引出了一個問題，我從軍過，那你呢？

---

8 Burning Man，一年一度在美國內華達州黑石沙漠舉辦的音樂藝術祭。

令她驚訝的是，她很快就收到了一封匿名信，信中表示自己是看到朋友分享這篇貼文，這人寫道：

我想向你道歉，我知道這不是藉口，但最近我看到很多年輕人惡意占用退伍軍人的停車位，甚至連身心障礙者專用停車位也不放過，因此我失去了冷靜。我很抱歉把怒氣發洩在你身上，我知道這是一個錯誤，很高興能看到你的貼文，我馬上就感到糟透了，我以為自己是在為某人挺身而出……你不應該受到這樣的對待，希望你能接受我的道歉。我很感謝你們為這個國家的貢獻，我非常尊敬軍人。這是一次誤會，對此我再次表示歉意，也感謝你所做的一切。

後來海耶斯很高興，發了一篇貼文分享這封道歉信，認為這是「滿懷感激、非常真誠的道歉」。留字條的人希望生活在一個充滿關愛的社區，大家願意為退伍軍人保留停車位以示尊重，而海耶斯也希望生活在充滿關愛的社區，陌生人認為她值得尊重，不會對她做出毫無根據的敵意判斷，也不會匿名用惡毒言語來表達這些偏見。雙方對理想社區的願景都被破壞了，但又透過更完整的訊息和道歉來挽救，他們各自都感覺好多了——道歉減少了世界的憤怒。

商業顧問約翰．卡鐸在《有效的道歉》一書中提到一個案例。在高速公路休息站的洗手間裡，一名使用輪椅的男子發現唯一的無障礙廁所被人占用，幾分鐘後，一名看似身體健全的男子走出來，坐輪椅的男子很不高興地譴責他。這名男子聞言一語不發地掀起了襯衫，他的腹部右側貼著一個結腸造口袋，坐輪椅的男人這下覺得很不好意思，說道：「我為我的無知向你道歉。」對方也說：「我也很抱歉。」

卡鐸觀察到：「從很多方面來說，道歉重要性的提升能帶來好的結果。這世界長期以來以犧牲婦女、有色人種、性少數群體和其他受壓迫群體為代價，就為了系統性地維持權力和特權。簡而言之：今日社會之所以出現許許多多的道歉要求，其實是對於過去道歉不足的補償。」

社群媒體是該成長了

我們已經討論過社群媒體如何讓人說出考慮不周、不成熟、自以為有趣但實際上並不有趣的事情，以及這又會如何導致莫大的騷動和憤怒。這可能令人感到氣餒，但我們願意認為這是文化成長的一種陣痛。大眾開始發現以前看似可以接受的話語／行為／假設，如今已經不能再被接受。道歉在將指控文化轉變為內塑文化層面上發揮相當重要的作用，如果那些說蠢話的人被點名之後，能夠深思熟慮地好好道歉，並因他們從中學到的寶貴教訓而再次受到大眾的肯定，社會上將出現更多體貼聰明的人，創造出願意深入理解不同對象的包容性社群。

一些以「點明名人不當言行」為主題的社群媒體網紅，近期不約而同表示他們想轉換經營方向，並希望看到不一樣的改變出現。卡普蘭（Liat Kaplan）過去經營一個很有影響力的Tumblr部落格「你的偶像有問題」，她會花好幾個小時研究名人的貼文。她說：「這些貼文涵蓋了一長串令人遺憾的言論和行為（種族歧視、性別歧視、恐同等等），也就是通常會引來抵制的爭議言行。」她高中時期就開設了一個類似的部落格，不過討論的都是學校同儕的不當行為，除非他們道歉才會刪除貼文。學校勒令她停止，所以她轉而以名人為探討對象。

卡普蘭的部落格引起眾怒，她開始減少發文，最後是完全停止更新。「之後的那幾年裡，每次想起這段經驗，我總是感到羞愧和後悔——我的狹隘、頻繁的怒氣、我對於人性非黑即白的看法，這樣的我有什麼資格無差別攻擊前科累累的仇女人士和不小心犯錯的普通人？我只是想看到有人自食惡果，因為過去傷害我的人都沒有受到處罰。」但隨著年歲漸長，她也更加理解到許多細微的心理差異，期望自己往後能更深入地理解，並產生更大的影響。她說：「我對虛偽和殘忍感到憤怒，我所能做的就是進行一定程度的審查，不留任何錯誤的餘地，我只知道我們現在都應該知道的事情：無論是在線上還是線下，人都不可能擁有完美無瑕的紀錄。」

我們經營「道歉觀察家」網站也明白，這種以抓人小辮子而獲得短暫樂趣的生活其實很讓人沮喪。大家渴望快速看到一篇篇痛打糟糕道歉的打臉文，有時候，我們撰寫文章時也會感到不可抗拒的衝動，想要向這些可悲的名人道歉落井下石。正如前面提過，讓我們最憤怒的貼文往往是流量最多的貼文，然而我們發現自己越來越渴望看到成功道歉的例子，因為寫起來感覺更開心，不會讓感覺好像是在泥沼裡做困獸之鬥，而是在溫和、潔淨的夏日細雨中嬉戲，對未來充滿希望。

轉換心態，人類是有救的

還是有機會搭起改變的橋梁，只要我們願意選擇這樣做的話。前面提過的研究員庫馬爾和艾普利也抱持類似的想法，認為他們的研究發現具有更廣泛的影響。他們寫道：「我們認為，對能力與熱情的關注不對稱，可能會在廣泛的利社會行為中產生錯誤的期望。」換句話說，人害怕聽起來愚蠢、天真、精於算計或不真誠，這可能會阻礙我們跨越不同的鴻溝、建立連結。或許我們不該把那些有待好好教育的人視為無可救藥的壞人或蠢蛋。請注意你的動機是為了讓自己感覺良好所以狠狠奚落他們，還是真的想讓世界變得更好？

如果我們願意展現出這樣的態度，會有什麼樣的結果——只要你願意道歉、從中記取教訓並做出彌補，犯錯是可以接受的事。當然，我們講的不是那種故意裝傻、情感操弄式的道歉，也不鼓吹大家都必須原諒那些難以原諒的事。我們談論的是讓有學習能力的人獲得第二次機會，而不是一犯錯就被嗜血的群眾五馬分屍。沒有人是完美的，當一個人盡力而為卻仍有缺失時，我們應該寬容以待。

總會有些悲觀者說改變不可能發生，讓我們分享一個帶來希望的實驗故事。這是由知名靈長類動物學家德瓦爾（Frans B.M. de Waal）和約翰諾維克斯（Denise L. Johanowicz）所主導的驚人實驗。恆河猴和短尾猴這兩種獼猴之間有明顯的行為差異，他們想知道如果讓牠們生活在一起會發生什麼。

恆河猴急躁、有點好鬥，經常在爭奪老大的位置，而短尾猴比較冷靜、溫和，偏好跟同伴好好相處，牠們在和解時會使用一系列手勢。研究人員將這兩種獼猴放入大型圍欄中，受試獼猴都處於青少年時期。一開始短尾猴在圍欄內徘徊，探索新的居所，而恆河猴則成群結隊地緊貼在天花板上。最凶猛的恆河猴對著短尾猴發出威脅的咕嚕聲，這時另一隻恆河猴也會做出相同的反應，但短尾猴沒有注意到。最後，恆河猴群從天花板上下來了，兩群猴子開始交流和玩鬧，甚至起了些摩擦，不過短尾猴堅持要和解，不接受「我還在生氣！」這樣的結果。而且，短尾猴被恆河猴漂亮的長尾巴迷住了，堅持要幫牠們梳理毛髮，你怎麼能對一個認為你很漂亮的人生氣呢？起初，兩群猴子晚上都是分開睡，但很快牠們就相處融洽，大家睡在一起。

實驗進行五個月後，研究人員把短尾猴帶出圍欄，此時恆河猴已經採納了短尾猴和平共處的方式。彼此在爭吵之後，牠們會像短尾猴一樣有可能達成和解，即使沒有短尾猴夥伴在一旁示範，牠們的表現依然良好。儘管牠們仍然使用恆河猴的叫聲和手勢，但明顯已經採納短尾猴的善良和社群意識，而且牠們非常喜歡這樣的改變，未曾故態復萌。

我們的一點棉薄之力

提倡好好道歉是讓世界變得更加友善、加深人與人之間羈絆的方法之一。如果我們能夠做到，這世界確實會變得更加美好。好好道歉是為了學到新事物，因為道歉的人需要表示他們理解自己的言行哪裡出問題，所以會開始自我反省，這樣一來他們——我們——都會變得更明智。

我們可能永遠不知道道歉的實質影響，也許是阻止訴訟、翻轉世界觀，向那些堅信邪惡無處不在的人宣示，人類有能力成為更好的人。在一個迫切需要更多善意和尊重的世界裡，道歉是提供這些特質的具體方式。這就是堅強、善良的人所做的事情，為了建立強大與美好的世界，這是讓世界成為我們想要的樣子的方法之一。我們相信，你我都有這個力量。

致謝

在此誠摯地感謝幫助實現本書完成的所有人士。

我們很幸運地在Gallery／Simon & Schuster出版社找到了樂於助人且支持我們的編輯Hannah Braaten，也非常感謝陽光的Andrew Nguyên以及精明的法律和編輯團隊，他們的協助讓我們的想法得以成真。Jen Bergstrom在我們需要時提供了令人震驚的精神支持。我們也想提一下Gerner經紀公司那位令人極為讚嘆的經紀人「凶猛牧羊女」Sarah Burnes和她能幹的助手Sophie Pugh-Sellers。我們非常感謝David Gallagher在「道歉觀察家」網站上提供的實際幫助。我們很幸運有許多讀者提醒我們注意很多有趣的道歉，其中包括Elizabeth Crane、Wendy M. Grossman、Barry Hayes、Kali Israel、Jonelle Patrick，以及睿智、經常留言分享的Tanita S. Davis，感謝所有讓我們關注到各式道歉的人——無論是成功還是失敗的。

在此深深地感謝火人祭的PlayApology Camp，特別是David Wollock、Liz Bronstein、Sue Fernandez、Catherine Melina、D-Stracted、Fruity Felix、Liz、MadKap和Other Matt。

我們也要向介紹PlayApology給我們的xtrasilky和Dr. Cheezie致上謝意。我們還感謝Binky和The Horse Doc的大力幫助，還有The WELL，我們第一次見面的地方，為我們「道歉觀察家」提供了遠超乎我們能夠提及的各種幫助。

在此特別向David Gans、Jon Carroll、Paul Belserene、Katherine Catmull、Mike Godwin、G. Jack King、David B. Doty、Ernie in Berkeley、Frako Loden、Felicity O'Meara和Randall Swimm致上用語言不足以表達的感謝之意。此外，我們還得到了Sumana Harihareswara、Teresa Moore、Michele H和William Benjamin Abbott IV的幫助。

還有，我們要感謝Harriet Lerner，她撰寫了有關在心理治療實踐中使用道歉概念的文章。我們還要感謝Helen Zaltzman、Laura Beaudin Lakhian和Maggie Balistreri。此外，任何在寫道歉文章時沒有感謝Aaron Lazare的開創性工作的人都需要道歉。

往前回溯，蘇珊想感謝《Salon》雜誌遇到的可愛之人，特別是Laura Miller、Andrew Leonard、Karen Crof、Scott Rosenberg、Gary Kamiya和David Talbot。瑪喬麗想感謝Wayne Hoffman（先在《Forward》雜誌，後在《Tablet》合作）、Paula Derrow

（先在《Glamour》，後在《Self》合作）和Danielle Claro（先在《Sassy》，然後是許許多多其他地方）教會了她很多東西。

我們非常感謝我們傑出的早期讀者，教育博士Carol Ingall和Gayle Forman。撰寫一本關於怎麼做正確但困難事情的書，有一位從事道德教育領域的教授媽媽會很有幫助，至於Gayle，正如《夏綠蒂的網》中小豬韋伯所言：「既是真正的朋友又是好作家的人並不常見。」Gayle是一位真正的朋友、一位優秀的作家和一位偉大的編輯，因此絕對比善良的蜘蛛夏綠蒂是更棒的人。

在我們探索和理解「道歉」的過程中，我們得到了很多幫助和善意，我們知道這一點並且對此非常感激。謝謝，如果我們前面沒有提到你的名字，可能是因為你是所有人中最重要的人，而諷刺的是，這代表我們一定得向你道歉。天啊，想不搞砸怎麼這麼難?!

國家圖書館出版品預行編目 (CIP) 資料

為什麼要道歉：完美的「對不起」，將為你個人和社會帶來奇蹟般的正面效應 / 瑪喬麗．英格爾，蘇珊．麥卡錫著；童唯綺譯．-- 初版．-- 臺北市：遠流出版事業股份有限公司，2024.06
面；　公分
譯自：Sorry, sorry, sorry : the case for good apologies.
ISBN 978-626-361-695-0(平裝)

1.CST：人際關係　2.CST：社會互動　3.CST：社會心理學

541.76　　113005852

Sorry, sorry, sorry : the case for good apologies
Copyright © 2023 by Marjorie Ingall and Susan McCarthy
All rights reserved, including the right to reproduce this book or portions thereof in any form
whatsoever. For information, address Gallery Books Subsidiary Rights Department,1230 Avenue of the Americas, New York, NY 10020.
Published by arrangement with The Gernert Company, Inc. and Bardon-Chinese Media Agency.
Complex Chinese Translation copyright © 2024 by Yuan-Liou Publishing Co., Ltd.
All rights reserved.

為什麼要道歉

完美的「對不起」，
將為你個人和社會帶來奇蹟般的正面效應

作者——瑪喬麗．英格爾、蘇珊．麥卡錫
譯者——童唯綺
總編輯——盧春旭
執行編輯——黃婉華
行銷企劃——王晴予
美術設計——王瓊瑤

發行人——王榮文
出版發行——遠流出版事業股份有限公司
地址——104005 台北市中山北路一段 11 號 13 樓
客服電話——(02)2571-0297
傳真——(02)2571-0197
郵撥——0189456-1
著作權顧問——蕭雄淋律師
ISBN——978-626-361-695-0

2024 年 6 月 1 日 初版一刷
定價——新台幣 490 元
（缺頁或破損的書，請寄回更換）
有著作權．侵害必究 Printed in Taiwan

遠流博識網
http://www.ylib.com
E-mail: ylib@ylib.com